Stefan Schäfer

55 Methoden Deutsch

einfach, kreativ, motivierend

Auer

Gedruckt auf umweltbewusst gefertigtem, chlorfrei gebleichtem und alterungsbeständigem Papier.

5. Auflage 2019
Nach den seit 2006 amtlich gültigen Regelungen der Rechtschreibung

Illustrationen: Thorsten Trantow
Satz: Fotosatz H. Buck, Kumhausen
Druck und Bindung: Korrekt Nyomdaipari Kft.
ISBN 978-3-403-**06796**-2

www.auer-verlag.de

Methoden im Deutschunterricht

Was eine Methode ist, ist weder im alltäglichen Sprachgebrauch noch in der wissenschaftlichen Fachliteratur immer streng umrissen; insbesondere ist die Methode nicht immer trennscharf gegen Arbeitstechniken, Lernstrategien, Arbeitsformen sowie Lernspiele abgegrenzt.
Für die Praxis des Unterrichts und damit auch für diese Handreichung ist dies jedoch unproblematisch. Für uns Lehrerinnen und Lehrer[1] sind Methoden im weitesten Sinne alles, was Schüler dazu befähigt, eigenverantwortlich (und im Wechsel von Erprobung und Reflexion) an ihrem Lernprozess mitzuwirken.
So sinnvoll der Methodeneinsatz und so wünschenswert eine Methodenvielfalt im Unterricht deshalb auch ist, bedenken sollte man aber gleichwohl, dass Methoden von den Schülern auch als langweilig empfunden oder gar abgelehnt werden können; dies ist vor allem dann der Fall, wenn der Sinn einer Methode in der konkreten Lern- bzw. Unterrichtssituation nicht erkennbar bzw. für die Schüler nicht nachvollziehbar ist. Auch kann ein zu häufiger Methodeneinsatz abstumpfen, manchmal ist hier weniger wirklich mehr.

Auswahl und Anordnung der Methoden

Wenn Methoden den Lernprozess fokussieren, dann ist es naheliegend, die Methoden nach den verschiedenen Lern- bzw. Kompetenzbereichen zu ordnen. Das bedeutet, dass die hier dargestellten Methoden nicht in erster Linie nach ihrer Unterschiedlichkeit im Ablauf, sondern nach der Unterschiedlichkeit im Bezug auf die verschiedenen Kompetenzbereiche ausgewählt wurden. Mit anderen Worten: Entscheidend für die Aufnahme einer Methode in diese Darstellung war die Funktion. Der Funktion „Ideenfindung, Schreibplanung" lassen sich etwa ganz unterschiedliche Methoden zuordnen. Aufgrund der vergleichbaren Funktion wird hier aber nur eine Auswahl dieser Methoden ausführlicher dargestellt. Wenn es, wie bei der Funktion „Ideenfindung, Schreibplanung", mehrere Methoden gibt, die sich in der Unterrichtspraxis bewährt haben, so wurde stets der Methode der Vorzug gegeben, von der ich annehme (bzw. dies aus der Unterrichtspraxis heraus weiß), dass sie sich besser bewährt hat. Wo es der Platz zuließ, werden andere Methoden aber als Alternativen genannt. In manchen Fällen werden Methoden aber auch unter einem Oberbegriff subsumiert. Dies ist etwa bei der Funktion „Lesegeläufigkeit entwickeln" der Fall, wo unter dem Oberbegriff „Leserätsel" auch Wortschlangen und Lückentexte Erwähnung finden.
Im Sinne der Fokussierung auf den Lernprozess zählen auch Arbeitsformen bzw. Lernarrangements zu den Methoden; diese werden in dieser Handreichung nur deshalb gesondert aufgeführt, weil sie sich nicht immer ohne Weiteres einem Lern- bzw. Kompetenzbereich zuordnen lassen.

1 Aus Gründen der besseren Lesbarkeit wird im Folgenden nur noch die morphologisch neutrale Personenbezeichnung verwendet. Selbstverständlich sind aber etwa mit der Bezeichnung „Schüler" auch Schülerinnen gemeint.

Die Anordnung der Methoden innerhalb der Kompetenzbereiche folgt im Wesentlichen der in den Bildungsplänen angelegten Progression ihrer Funktionen, d. h. dass etwa die Methode mit der Funktion „Lesegeläufigkeit üben" im Bereich „Umgang mit Texten und Medien" deshalb den Anfang macht, weil sie sich auf den Anfang des Leselernprozesses bezieht.
Trotz der genannten Auswahl- und Anordnungskriterien bleibt die Zusammenstellung letztlich subjektiv. Deutlich wird dies vor allem im Kompetenzbereich „Sprachbewusstsein", wo das klassische Methodenrepertoire in seiner Funktion meist auf einen sehr engen grammatischen oder orthografischen Bereich beschränkt bleibt. Ein gutes Beispiel sind hier die verschiedenen grammatischen Proben (Verschiebe-, Weglass-, Erweiterungs-, Ersatz- usw. Probe), deren bloße Erwähnung den Rahmen dieser unterrichtspraktischen Handreichung sprengen würde. Da außerdem der Sprachbereich erfahrungsgemäß von vielen Schülern als wenig spannend erlebt wird, habe ich hier vor allem Methoden ausgewählt, die einen experimentell-spielerischen Zugang zur Sprache eröffnen.

Ziel und Aufbau der Handreichung

Die in der Handreichung vorgestellten Methoden verstehen sich als Anregung; als Anregung, Neues auszuprobieren, aber auch als Anregung, wieder einmal, oder auch verstärkt, auf Bekanntes zurückzugreifen. Jeder Kollege wird dabei selbst am besten wissen, welche Methoden zu ihm, der Klasse und der jeweiligen Unterrichtssituation passen.

Die Darstellungen der Methoden folgen im Wesentlichen demselben Schema:

Bei jeder Methode ist in der Kopfzeile angegeben, **ab welcher Jahrgangsstufe** ein Einsatz sinnvoll erscheint. Aufgrund der Funktionsorientierung ergibt sich in der Regel eine Anordnung mit aufsteigenden Jahrgangsstufen.

Ebenfalls in der Kopfzeile findet sich auch ein Hinweis auf die **ungefähre Dauer** einer Methode bzw. auf die Dauer eines sinnvollen Einsatzes dieser Methode. Hierbei handelt es sich selbstverständlich um reine Richtwerte, die je nach den Bedürfnissen und Interessen der jeweiligen Lerngruppe deutlich schwanken können.

In einer **Kurzbeschreibung der Methode** werden die jeweilige Methode bzw. deren Ziel(e) knapp erläutert.

Wenn bestimmte **Voraussetzungen** bei den Schülern gegeben sein müssen oder wenn **Material** vorzubereiten ist, so ist dies am Ende der Kurzbeschreibung vermerkt.

Die Hinweise zur **Durchführung** wurden bewusst knapp gehalten, um eine rasche Handhabung zu ermöglichen. In vielen Fällen verdeutlichen konkrete Beispiele die Ausführungen.

Unter **Weitere Hinweise** finden sich ergänzende Informationen zur jeweiligen Methode, Varianten oder Alternativen.

Regelmäßig wiederkehrende Begriffe sind zur besseren Orientierung mit den folgenden Icons veranschaulicht.

= Dauer

= Material (das über die normale Ausstattung wie Tafel, Papier, Stifte usw. hinaus benötigt wird)

Im **Index** am Buchende finden sich alle dargestellten Methoden sowie die als Alternativen benannten Methoden (diese sind in den entsprechenden Abschnitten fett gedruckt) in alphabetischer Reihenfolge aufgelistet.

Viel Erfolg mit den 55 Methoden Deutsch!

Stefan Schäfer

1.1 Zuhören: Statementwiedergabe

variabel

ab Kl. 5

Kurzbeschreibung der Methode:

Mit der vielseitig einsetzbaren Methode soll das genaue und konzentrierte Zuhören geübt werden.

Durchführung:

- Der Lehrer stellt eine strittige Frage (siehe Beispiele).
- Jeder Schüler notiert zu der Streitfrage seinen Standpunkt in mindestens drei bis höchstens fünf Sätzen.
- Der Lehrer bestimmt einen Schüler, der seinen Standpunkt vorträgt.
- Der Lehrer bestimmt anschließend einen Schüler, der den vorgetragenen Standpunkt inhaltlich möglichst genau wiedergeben soll.
- Der Schüler, der das Statement wiedergegeben hat, erhält von der Klasse ein Feedback, inwieweit er die Position seines Mitschülers korrekt wiedergegeben hat.

Beispiele:

1. Sollten „Killer"-Computerspiele verboten werden?
2. Sollten Schüler auch ihre Lehrer benoten dürfen?
3. Sollte das Erlernen eines Instruments Pflicht für Schüler werden?
4. Sollten Noten im Sportunterricht abgeschafft werden?

Weitere Hinweise:

Die Statementwiedergabe muss sich natürlich nicht auf die Wiedergabe von Meinungen zu strittigen Fragen beschränken. Denkbar ist etwa auch, dass jeden Morgen ein anderer Schüler eine (für ihn) interessante (Zeitungs-)Meldung zusammenfasst.

Die Statementwiedergabe kann auch in Gruppen durchgeführt und zum Spiel ausgebaut werden: Vier bis sechs Gruppen bearbeiten jeweils einen Sachtext (z. B. über verschiedene Tiere) und formulieren mehrere kurze Infotexte über den Textinhalt. Die Infotexte werden abwechselnd vorgetragen (nacheinander je Gruppe ein Text). Immer die Gruppe, die als Nächstes vorträgt, muss die Äußerung der Vorgängergruppe wiedergeben; die übrigen Gruppen bewerten die Wiedergabe (je Fehler gibt es einen Minuspunkt, die Gruppe mit den wenigsten Minuspunkten hat gewonnen).

Werden die Umfänge der Statements größer, kann das Mitschreiben nicht nur erlaubt, sondern auch verlangt werden.

Kurzbeschreibung der Methode:

Mit der Methode wird nicht nur das mündliche Erzählen geschult, sondern auch das Zuhören und die Konzentration der Schüler; die Methode hat außerdem eine spielerische Komponente und regt die Fantasie der Schüler an.

Durchführung:

- Der Lehrer gibt einen Erzählanfang (siehe Beispiele) vor.
- Der erste Schüler (z. B. der, der vorne rechts sitzt) bildet zu dem Erzählanfang einen weiteren Satz.
- Dessen Sitznachbar setzt die Erzählung mit einem weiteren Satz fort usw.
- Entweder der letzte Schüler oder aber der Lehrer hat drei Sätze, um die Geschichte abzuschließen.

Beispiele:

1. Es war einmal eine Kuh namens Luise, die Vanilleeis über alles liebte.
2. Vor vielen Jahren lebte in den Bergen ein Mann, der hören konnte, was andere Menschen dachten.
3. Eines schönen Morgens wachte Tatjana auf und hatte eine verrückte Idee.
4. Lange vor unserer Zeit lebte einmal ein Mädchen, das nie etwas vergaß.

Weitere Hinweise:

Alternativ zum Lehrer kann auch ein Schüler mit der Erzählkette beginnen. Erschwert werden kann die Erzählkette, wenn der jeweilige Erzähler nicht nur den nächsten Satz der Erzählung bildet, sondern er anschließend auch noch ein Wort nennt, das der nächste Schüler in seinen Satz einbauen muss. Umgekehrt können auch bestimmte Wörter bzw. Wortgruppen von der Erzählkette ausgeschlossen werden (z. B. könnten die Wörter „sagen", „fragen" und „gehen" ausgeschlossen werden oder alle Nomen, die mit einem „S" beginnen).

Eine Variante der Erzählkette ist der **Erzählstuhl**. Hierbei wird ein Stuhl bestimmt, auf den sich ein Geschichtenerzähler setzt und so lange frei erzählt, bis ein anderer Schüler ihn ablösen will (oder dazu bestimmt wird).

1.3 Spontane Meinungsfindung: Positionslinie

1–2 Min. ab Kl. 6

Kurzbeschreibung der Methode:

Bei der Positionslinie geht es zunächst um die Verdeutlichung eines Meinungsbildes innerhalb einer Gruppe. Die Positionslinie eignet sich darüber hinaus gut, um eine Diskussion anzustoßen. Wird die Positionslinie wiederholt, fördert sie das Reflexionsvermögen und die Fähigkeit zur Selbstkritik.

Klebeband

Durchführung:

- Der Lehrer markiert mit Klebeband entlang einer Wand am Boden drei Positionen: Stimme ich (vollständig) zu! Bin unentschieden! Lehne ich (vollständig) ab!
- Der Lehrer stellt eine strittige Frage (zu Beispielen siehe Abschnitt 1.1).
- Die Schüler stellen sich spontan entlang der Positionslinie an der Stelle auf, die ihrer Meinung zu der Frage entspricht.
- Wenn die Positionslinie wiederholt werden soll, markieren die Schüler die Stelle, an der sie gestanden sind, mit einem persönlichen Gegenstand (Schlüssel, Stift, Handy, …).
- In der Klasse werden nun die verschiedenen Positionen erläutert und diskutiert. Anschließend kann die Positionslinie wiederholt werden.

Weitere Hinweise:

Als Methode kann die Positionslinie nur dann gelten, wenn sie wiederholt wird und sich die Schüler klarmachen, wie sich eine spontane Meinung von einer reflektierten unterscheiden kann. Wesentlich ist daher, dass der Diskussion der strittigen Frage ausreichend Zeit gewidmet und deutlich gemacht wird, dass ein Meinungswechsel nach reiflicher Überlegung keineswegs eine Schande ist.

Eine Variante der Positionslinie ist das **Meinungsbarometer**, bei dem der ganze Klassenraum genutzt wird: Der Klassenraum wird dazu in zwei Felder unterteilt, die für Zustimmung bzw. Ablehnung stehen; je weiter ein Schüler von der Mittellinie entfernt steht, desto mehr stimmt er zu bzw. lehnt er ab. Das Meinungsbarometer hat den Vorteil, übersichtlicher zu sein (außerdem kann vom jeweiligen Standpunkt aus mit Blickkontakt zu allen anderen Schülern diskutiert werden), und den Nachteil, dass der Klassenraum umgeräumt werden muss (Zeitfaktor).

Stimme ich zu!
S(chüler)
S S S S
S
S S
S S S
S
S S S S
S
S S S
S S
Lehne ich ab!

Kurzbeschreibung der Methode:

Ziel der Methode „Wachsende Gruppe" ist es, aus vielen Aspekten eines Themas die wesentlichen herauszuarbeiten. Die Methode schult dabei sowohl die Teamfähigkeit als auch die Fähigkeit, Standpunkte zu vertreten und auszutauschen.

Durchführung:

- Der Lehrer gibt die Aufgabe vor.
- Jeder Schüler bekommt fünf Minuten Zeit, um sechs Aspekte des vorgegebenen Themas zu finden.
- Nach diesen fünf Minuten sucht sich jeder Schüler einen Partner, mit dem er sich innerhalb von vier Minuten auf vier Aspekte verständigt.
- Nach diesen vier Minuten schließen sich jeweils zwei Paare zusammen. In den neu entstandenen Vierergruppen einigt man sich innerhalb von drei Minuten auf drei Aspekte.
- Nach diesen drei Minuten schließen sich jeweils zwei Vierergruppen zu einer achtköpfigen Gruppe zusammen. In dieser Gruppe verständigt man sich innerhalb von zwei Minuten auf zwei Aspekte.

Beispiele:

1. Zentrale Charaktereigenschaften einer literarischen Figur
2. Mögliche Bedeutungen von Textstellen
3. Mögliche/wichtige Aussagen von Texten
4. Sinnvolle Analyseaspekte für einen Text

Weitere Hinweise:

Die Methode kann bis in die Oberstufe hinein sinnvoll Verwendung finden, wenn die Ausgangsfrage anspruchvoll genug ist (z. B. wenn Interpretationsansätze zu einem Gedicht diskutiert werden).

Eine Variante der „Wachsenden Gruppe" ist das **Tischset/Place mat**, das auch schon in unteren Klassen durchgeführt werden kann. Beim Tischset sitzen vier Schüler um einen großen Bogen Papier und notieren Aspekte/Ideen zu einem Thema. Nach einigen Minuten wird das Papier um 90 Grad gedreht, sodass jeder lesen kann, was sein Nachbar geschrieben hat. Das Papier wird dann noch zweimal um 90 Grad gedreht. Anschließend tauschen sich die Gruppenmitglieder über das Gelesene aus und notieren in der Mitte des Papiers die zentralen Gedanken.

Kurzbeschreibung der Methode:

Die Fishbowl-Methode (engl. fishbowl „Aquarium“) gehört zu den Gruppengesprächsformen; Ziel der Methode ist es, durch aktives Diskutieren sowie durch Beobachtung Strategien zu entwickeln, wie man überzeugend und fair diskutiert.

Durchführung:

- Vorbereitung: Zu einem vom Lehrer vorgegebenen Thema (Beispiele siehe Abschnitt 1.1) werden Pro- und Kontra-Gruppen gebildet. Die Gruppen erarbeiten möglichst viele Argumente und bestimmen einen Sprecher.
- Um einen freien Stuhl in der Mitte herum nehmen die Gruppensprecher Platz. Alle übrigen Schüler bilden um die Mitte herum einen äußeren Stuhlkreis.
- Die Gruppensprecher in der Mitte diskutieren nun stellvertretend für die Gesamtgruppe über das strittige Thema. Während der Diskussion haben alle Schüler der Außenrunde jederzeit die Möglichkeit, sich auf den freien Stuhl in der Mitte zu setzen; sie erhalten dann sofortiges Rederecht und kehren nach ihrem Redebeitrag in den Außenkreis zurück.
- Nach der Diskussion wird das Diskussionsverhalten bewertet.

Weitere Hinweise:

Die Fishbowl-Methode kann auch mit einem Moderator, der dann ebenfalls in der Mitte Platz nimmt, durchgeführt werden.

Wie für alle Gruppengesprächsformen ist auch bei der Fishbowl-Methode die anschließende begründete Bewertung zentral. Wichtige Bewertungsaspekte sind: Sachlichkeit, Themenkonzentriertheit (vs. abschweifend), Bezug auf die vorherigen Redebeiträge, Einhaltung der Gesprächsregeln, Richtigkeit der Argumentation, Verständlichkeit der Äußerung (deutliches/undeutliches Sprechen).

Eine gute Alternative zur Fishbowl-Methode stellt die **Debatte** dar: Die Klasse teilt sich in je drei oder vier Pro- und Kontra-Gruppen, die möglichst viele Argumente erarbeiten und jeweils einen Sprecher bestimmen. Die Sprecher sitzen sich an einem großen Tisch gegenüber; geleitet wird die Diskussion von einem Moderator, der einleitend das strittige Thema formuliert und im späteren Verlauf das Rederecht erteilt. Nach der Einleitung durch den Moderator hat jeder Sprecher zunächst Zeit (1–2 Min.), um seinen Standpunkt darzulegen. Ist diese Runde abgeschlossen, geht das Gespräch in eine freie Diskussion über. Die übrigen Schüler beobachten den Debattenverlauf. Am Ende der Debatte kann über das Thema in der Klasse abgestimmt werden. Es folgt die Bewertung der Debatte.

Kurzbeschreibung der Methode:

Eine Gesprächssimulation ist eine Sonderform des Rollenspiels, bei der es darauf ankommt, dass Schüler Sprechhaltungen und kommunikative Strategien erproben.

Durchführung:

- Der Lehrer bestimmt die Gesprächssituation und weist den Schülern Gesprächsrollen zu.
- Die Schüler bereiten das Gespräch nach den Vorgaben des Lehrers vor.
- Die Schüler simulieren das Gespräch.
- Die Klasse beobachtet das Gespräch und bewertet anschließend das in den Rollen gezeigte Verhalten (weniger unter dem Aspekt, ob die Rolle gut ausgefüllt worden ist, sondern vor allem unter dem Aspekt, was die Rolle kennzeichnet).

Beispiele:

1. Lehrer (Mutter) ermahnt einen Schüler, sich mehr anzustrengen; der Schüler bringt Entschuldigen und Ausreden vor
2. Jugendlicher möchte zu einem Konzert, die Eltern haben Bedenken (am nächsten Tag ist eine wichtige Klassenarbeit)
3. Richter befragt einen geständigen Dieb zum Tathergang
4. Polizist ermahnt Temposünder
5. Streit: Schüler hat sich etwas ungefragt „ausgeliehen", was er mit Bitte bekommen hätte; der Besitzer stellt ihn zur Rede
6. Streit: Schüler ist unzuverlässig und wird von einem Freund/dem Vater zur Rede gestellt

Weitere Hinweise:

Erfahrungsgemäß sind **Streitgespräche** für Gesprächssimulationen besonders ergiebig (z. B.: Wie eskalieren Streite? Wer hätte sich zu welchem Zeitpunkt anders verhalten sollen/können? Welche Rolle spielt das nonverbale Verhalten?). Allerdings sollten solche Streitgespräche stets mit Schlichtungsgesprächen kontrastiert werden, damit die Schüler auch Strategien zur Problemlösung entwickeln können. **Schlichtungsgesprächen** kann folgender Ablauf zugrunde gelegt werden:
1. Klärung des strittigen Sachverhalts (Welche Motive haben die Beteiligten, wie geht es ihnen dabei?); 2. Lösungen bzw. Kompromisse formulieren und bei den Beteiligten hinterfragen; 3. Abschließende Vereinbarung formulieren (ggf. auch schriftlich als Protokoll, Vertrag o. Ä.).

Kurzbeschreibung der Methode:

Ein Planspiel ist eine Sonderform des Rollenspiels bzw. der Gesprächssimulation (siehe auch Abschnitt 1.6). Gefordert ist hierbei nicht nur, sich in eine Rolle hineinzuversetzen und in dieser Rolle argumentativ zu überzeugen, sondern auch, die Rolle inhaltlich vorzubereiten.

Durchführung:

- Der Lehrer bildet Gruppen und weist jeder Gruppe eine Rollenkarte zu.
- Die Gruppenmitglieder bereiten sich (z. B. durch Internetrecherche oder Expertenbefragung) auf ihre Rolle vor und bestimmen anschließend einen Sprecher, der die Rolle im Planspiel übernimmt.
- Das Planspiel wird – von einem Moderator geleitet – durchgeführt. Die nicht am Spiel aktiv beteiligten Schüler machen sich Notizen zum Gesprächsverhalten und zu den vorgebrachten Inhalten.
- Im Anschluss an das Planspiel schildern die Beobachter ihre Eindrücke über den Diskussionsverlauf und geben den Sprechern ein Feedback.

Beispiele:

1. Verbot von Energy-Drinks für Kinder und Jugendliche – Rollen: Arzt, der auf gesundheitliche Risiken der Drinks hinweist – Mutter, die ein solches Verbot begrüßen würde – Jugendlicher, der gegen das Verbot ist – Sprecher eines Energy-Drink-Herstellers, der unter anderem auf Wettbewerbsfreiheit pocht – Politiker, der einerseits für solche Schutzmaßnahmen ist, andererseits aber auch rechtliche Schwierigkeiten eines solchen Verbots sieht – Betreiber einer Verkaufsstelle, die hohe Umsätze mit diesen Drinks erzielt.
2. Einführung des PKW-Führerscheins ab 16 Jahren – Rollen: Vertreter der Automobilindustrie, der den frühen Führerscheinerwerb begrüßt – Sicherheitsexperte, der vor vermehrten Unfällen warnt – Fahrschullehrer – Jugendlicher, der in einem schlecht in den öffentlichen Nahverkehr eingebundenen Dorf wohnt – Gebrauchtwagenhändler – Vater, der gegen einen frühen Führerscheinerwerb ist – Psychologe, der zwar die Gefahren sieht, aber die Auffassung vertritt, dass 16-Jährige grundsätzlich reif genug sind.

Weitere Hinweise:

Idealerweise werden bei einem Planspiel den Schülern Rollen zugeteilt, denen sie sich gerade nicht inhaltlich verbunden fühlen. Es sollte dann auch thematisiert werden, wie sich die Schüler in ihrer Rolle gefühlt haben. Gegebenenfalls kann dasselbe Thema dann auch noch einmal in anderer Rollenzuweisung diskutiert werden (Fragestellung: Könnt ihr nun die Gegenseite besser verstehen?).

Kurzbeschreibung der Methode:

Übungen zur Stärkung der Sprechhaltung werden oft im Unterricht vernachlässigt, obwohl stimmliche Defizite (leises, undeutliches oder unsicheres Sprechen) einen erheblichen Einfluss auf die Wahrnehmung eines Sprechenden haben. Mit verschiedenen Übungen lässt sich bei den Schülern ein Bewusstsein für diesen Bereich schaffen.

Durchführung:

- Der Lehrer erklärt die jeweilige Übung (siehe Beispiele).
- Die Schüler führen die Übung nach der Vorgabe des Lehrers aus.

Beispiele:

1. Stimmgebung (zur Stärkung der Körperresonanz): bei Wörtern, die mit den Nasallauten [m] und [n] beginnen (z. B. Mond, Morchel, Mitte; Nase, Niete, neu), den Nasallaut überbetonen; ggf. kann der Kehlkopf dabei angefasst werden.
2. Aspiration (zur Verbesserung einer deutlichen Aussprache): bei Wörtern, die mit den stimmlosen Plosivlauten [p], [t], [k] (z. B. Panne, Panik; Tau, Tee; Kuss, Kiefer) beginnen, die Aspiration überbetonen; ggf. kann die Hand für den Mund gehalten werden, damit der Aspirationslaut gefühlt wird.
3. Modulation (zur Verbesserung einer deutlichen Aussprache): Wortendungen werden bewusst betont (z. B.: Wir schick<u>en</u> dem Präsident<u>en</u> ein<u>en</u> lang<u>en</u> Fragebog<u>en</u>. Er schenkte dem klein<u>en</u> Bär<u>en</u> ein<u>en</u> groß<u>en</u> Luftballon.).
4. Zungenbrecher (zur Verbesserung einer deutlichen Aussprache, zum Abbau von Sprechhemmungen): Zwischen zwei Zwetschgenzweigen sitzen zwei zwitschernde Schwalben. Plättbrett bleibt Plättbrett und Grießbrei bleibt Grießbrei und Kriegsbeil bleibt Kriegsbeil. Der Kaplan klebt klappbare Pappplakate an.
5. Schnellsprechen (zur Verbesserung der Aussprachesicherheit): Kurze Texte werden so schnell wie möglich, aber immer noch deutlich vorgelesen.

Weitere Hinweise:

Einige der angeführten Übungen sind auch rechtschreib- bzw. grammatikrelevant, z. B. Aspiration (Schreibung p/b, t/d, g/k im Wortanlaut) oder Modulation (um das Bewusstsein für die Deklinationsendungen insbesondere der schwachen Maskulina zu schärfen).

Ebenfalls der Verbesserung der Aussprachesicherheit dient die im Fremdsprachenunterricht gebräuchliche **Phago-Phonetik** (griech. *phagos* „Fresser"). Hierbei nimmt der Sprecher Gegenstände in den Mund (z. B. Murmeln) und versucht trotzdem, möglichst deutlich zu sprechen. Die Methode mag zunächst befremdlich klingen, ist jedoch äußerst effektiv, so wird bereits vom griechischen Redner Demosthenes von Paiania (384–322 v. Chr.) berichtet, er habe mit einem Kieselstein im Mund gegen die Meeresbrandung angesprochen, um so Aussprache und Stimme zu verbessern.

Kurzbeschreibung der Methode:

Pantomimische Übungen schärfen das Bewusstsein der Schüler für Gestik, Mimik und Körpersprache.

gegebenenfalls Alltagsgegenstände (wie ein kleiner Karton, ein Eimer, ein Besenstiel, ein Springseil, eine Orange usw.)

Durchführung:

- Eine Spielfläche wird geschaffen. Der Lehrer gibt eine pantomimische Übung vor.
- Die Schüler spielen einzeln, in Paaren oder in Gruppen die Übung.

Beispiele:

1. Einführend mithilfe von Gegenständen: ein kleiner Karton/ein Eimer wird auf einmal zur Riesenlast, eine Orange zu einem kostbaren Geschenk, ein Seil zur gefährlichen Giftschlange, ein Besenstiel zum Balancestab eines Seiltänzers usw.
2. Gangarten: laufen wie ein Roboter, wie jemand mit Gipsbein, als ob es steil bergauf (bergab) geht, als ob man barfuß über heißen Sand läuft, als ob man im Sumpf geht, wie man bei starkem Gegenwind läuft, wie jemand, der selbstbewusst (schüchtern) ist usw.
3. In Paaren oder Gruppen: ein Auto wird angeschoben, ein großes Fass durch den Raum gerollt, ein Tauziehen veranstaltet, eine schwere Last gemeinsam getragen usw.
4. Alltagsszenen: man wartet auf den Aufzug, man steht an der Kasse hinter einer nach Kleingeld suchenden älteren Dame, man quält sich mit einer schweren Hausaufgabe, ein Schloss klemmt, man trifft überraschend einen Bekannten usw.
5. Emotionen: Wut, Ungeduld, Begeisterung, Freude, Verlegenheit, Scham, Angst, Ratlosigkeit, Trauer, Gier usw.

Weitere Hinweise:

Pantomimen lassen sich leicht zu kleinen Ratespielen ausbauen (zur **Scharade** siehe auch Abschnitt 4.1), etwa indem Tätigkeiten dargestellt und erraten werden sollen. In höheren Klassen kann auch versucht werden, Personen (zum Beispiel Figuren aus einer aktuellen Lektüre) zu erraten.

Pantomimen werden von Schauspielprofis gelegentlich als Aufwärmübungen genutzt und können in ähnlicher Weise auch ein **Rollenspiel** oder eine kleine **Spielszene** vorbereiten. Mit etwas Fantasie lassen sich außerdem Paar- und Gruppenpantomimen auch schon zu kleinen Spielszenen ausbauen.

Kurzbeschreibung der Methode:

Interaktive Referatsformen werden angewandt, um eine größere Nachhaltigkeit des referierten Stoffs zu sichern und um die Zuhörer (nicht zuletzt in der Oberstufe) stärker in den Referatsprozess einzubinden.

Durchführung:

- Interaktive Referatsformen werden prinzipiell wie gewöhnliche Referate vorbereitet. Natürlich müssen die speziellen Referatsformen noch vom Lehrer erklärt und entsprechende Gruppen eingeteilt werden. Zu bedenken ist hierbei, dass Zuhörende in einer Gruppe stärker als bei gewöhnlichen Referaten in der Verantwortung stehen.
- Der Schüler hält sein Referat. Weiterführende Fragen können in der Klasse diskutiert und/oder inhaltliche Aspekte vertieft werden.
- Nach dem Referat bietet es sich an, gemeinsam mit den Schülern die Methode bzw. die gewählte Referatsform zu reflektieren.

Beispiele:

1. **Spiegel-Referat**: Der Referent bekommt zwei oder drei Assistenten, die alle zwei, drei Minuten das Referierte kurz mit eigenen Worten zusammenfassen und dem Referenten damit eine Rückmeldung (daher der „Spiegel") geben, was wie angekommen ist. Der Referent hat dann die Möglichkeit zur Richtigstellung, Wiederholung oder Vertiefung.
2. **Buzz-Gruppen-Referat**: Das Referat wird in mehreren Teilen vorgetragen. In jeder Referatpause arbeiten die Zuhören in „Buzz"-Gruppen (zu zweit oder zu dritt): Sie fassen die Hauptaspekte des bisher Gesagten kurz zusammen. Der Referent kann während der Gruppenarbeit herumgehen, Fragen beantworten und/oder Aspekte sammeln, die er später kommentieren möchte.

Weitere Hinweise:

Das Prinzip des Spiegel-Referats (dann ohne die Zuhörer, d. h. nur ein Referent und zwei Assistenten) kann auch dazu genutzt werden, ein normales Referat zu üben; die Assistenten geben dem Referenten in diesem Fall auch ein Feedback (siehe auch Abschnitt 1.11) zu Körperhaltung, Stimmführung, Lautstärke usw.

Eine weitere Referatvariante ist das **Expertenreferat**, in dem der Referent gleichsam als zu interviewender Experte auftritt. Nach einer allgemeinen Einführung in das Thema (kann auch durch den Lehrer erfolgen) erarbeiten die Zuhörer in Gruppen Fragen, die sie im sich anschließenden Interview an den Experten stellen.

Kurzbeschreibung der Methode:

Ziel dieser gruppendynamischen Methode ist es, Reaktionen auf das Verhalten anderer (wie sie auch unbewusst, z. B. durch Mimik oder Körperhaltung, erfolgen) zu kanalisieren und konstruktiv zu machen. Durch das Geben und Erhalten von Feedbacks wird zum einen die Fremd- und Selbstwahrnehmung geschärft, zum anderen ein Bewusstsein für die Kriterien einer Bewertung (je nach Anlass des Feedbacks) geschaffen.

Durchführung:

- Der Lehrer bereitet die Schüler auf die Feedbacksituation vor, indem Feedbackregeln, aber auch Beurteilungskriterien gemeinsam besprochen bzw. gegebenenfalls auch erarbeitet werden.
- Der Feedbackgeber beachtet:
    1. Keine Interpretationen abgeben, sondern nur Beobachtbares beschreiben.
    2. Einen positiven Einstieg finden (Kritik nicht mit „aber", sondern mit „und" anschließen).
    3. Ich-Botschaften formulieren (nicht „Das war so und so", sondern „Ich habe das so empfunden.").
    4. Keine Kritik ohne konkreten Verbesserungsvorschlag.
- Der Feedbacknehmer beachtet:
    1. Keinen Kommentar zum Feedback abgeben (außer für das Feedback zu danken).
    2. Aktiv zuhören und insbesondere Verständnisfragen stellen.
    3. Das Feedback reflektieren.

Beispiele:

1. Feedback nach Referaten, Präsentationen, Statements u. Ä.
2. Feedback nach Plan- und Rollenspielen, szenischem Lesen und Spielen u. Ä.
3. Feedback zum Verhalten in Diskussionen

Weitere Hinweise:

Bei spontanen Feedbacks sollte der Feedbackgeber sicherstellen, dass ein Feedback auch erwünscht ist (z. B.: „Möchtest du wissen, wie ich dich gerade erlebt habe?").

Das Feedback ist gerade auch in der Arbeitswelt eine immer häufigere Form der Leistungsbeurteilung (auch **Feedbackgespräch**) und kann in dieser Form auch im Unterricht eingesetzt werden (z. B. nach mündlichen Prüfungen); zu beachten ist dann allerdings, dass die Beurteilungskriterien nicht nur bekannt sind, sondern auch als verbindlich akzeptiert wurden.

Kurzbeschreibung der Methode:

Methodenbereich mit zahlreichen Varianten und Schwierigkeitsgraden. Gefördert werden soll in erster Linie das Erkennen von Wortbildern; in zweiter Linie können bestimmte Schreibungen visualisiert und geübt werden (siehe auch Abschnitt 4.4)

Durchführung:

- Der Lehrer notiert das Rätsel an der Tafel/auf einem Arbeitsblatt und formuliert den Rätselauftrag.
- Die Schüler entziffern das Rätsel.

Beispiele:

1. Die Schüler lesen Schlangensätze/Wortschlangen bzw. kleinere Texte laut: InderSchweizlebteeinmaleinalterGrafderhattenureineneinzigenSohnaberderwardummundkonntenichtslernen.
2. Die Schüler lesen sinnvolle Sätze nach folgendem Muster laut: Geütbe Leesr knönen Wrtöer acuh dnan schlnel etnzffirn, wnen alle Bchutsbaen in dem Wrot enhtlaten snid und der etsre und der ltezte Bchutsbae an der rchitgen Setlle sethen.
3. Die Schüler lesen Wörter mit Leerstellen: Lös.hbla.t – Ti.tenk.ller – Ha.sa.fg.be
4. Die Schüler lesen laut Wörter/Sätze (bzw. schreiben sie ab), in denen einzelne Buchstaben mit dem gleichen Zeichen verschlüsselt sind (□ = ü, O = ie): SOben K□he lOfen □ber dO gr□ne WOse.
5. Die Schüler lesen Sätze, bei denen in den Wörtern die Buchstaben von hinten nach vorne angeordnet sind: reW sad nesel nnak, tsi nohcs nie regithcir iforpeseL.

Weitere Hinweise:

Beispiel 3 ist eine Vereinfachung des Lückentextes, bei dem in einem kurzen Text ganze Wörter gestrichen werden: Es kommt beim **Lückentext** darauf an, die fehlenden Wörter aus dem Kontext heraus zu erschließen, d. h. der Schwierigkeitsgrad ist höher (je nach Text kann diese Methode bis in die höheren Jahrgangsstufen angewendet werden).

Kleine Leserätsel benötigen wenig Zeit und können jede Stunde (auch als Stundeneinstieg oder -abschluss) gelöst werden. Es ist auch möglich, die Schüler selbst solche Rätsel entwerfen zu lassen. So könnte jede Stunde ein Schüler bestimmt werden, der für die nächste Stunde ein kleines Leserätsel (als Varianten der Beispiele) entwirft; dies ist auch in Partner- oder Kleingruppenarbeit möglich und sinnvoll.

Kurzbeschreibung der Methode:

Durch das (gemeinsame) Erstellen von Lesepartituren wird nicht nur die Lesefähigkeit, sondern auch das sinnerfassende Lesen geschult.

Durchführung:

- Gemeinsam wird eine Partitur erarbeitet, z. B.:

• Betonung: Akzentstrich (Wút) • Pause: Schrägstich (Er fühlte / die Angst.) • laut gelesene Stelle: unterstrichen • leise gelesene Stelle: Wellenlinie • schnell gesprochen: Doppelstriche (‖„Jetzt mach halt endlich!"‖)	• langsam gesprochen: Asteriskus (Und sie sah, wie die Sonne *langsam im Meer verschwand.*) • Stimmsenkung: ↘ • Stimmhebung: ↗

- Einzeln oder in Kleingruppen wird von den Schülern ein Text (Gedichte, kleinere Erzähltexte) mit entsprechenden Partiturkennzeichnungen zum Vorlesen vorbereitet.
- Die Schüler üben das Vorlesen des Textes und nehmen gegebenenfalls an der Lesepartitur Änderungen vor.
- Der Text wird von verschiedenen Schülern vorgelesen. Die verschiedenen Lesefassungen werden von den Schülern ggf. erläutert, dann verglichen und bewertet (mit Verbesserungsvorschlägen).

Weitere Hinweise:

Über das Erstellen von Lesepartituren zu längeren Texten mit mehreren Sprechern (Dialogsequenzen in Erzähltexten, szenische Texte) kann man auch zum **Szenischen Lesen** überleiten, dass neben dem sinnbetonten Lesen zumindest auch körpersprachliche Elemente (vor allem Mimik und Gestik) enthalten sollte (im Idealfall haben die Schüler den Text in der Hand, können sich aber ansonsten ungehindert im Raum bewegen). Aus dem Szenischen Lesen wiederum lassen sich kleine **Spielszenen** entwickeln. Hierbei käme es vor allem darauf an, dass ein Dialog sinngemäß umgesetzt wird (d. h. dass vom Wortlaut in der Vorlage auch abgewichen werden kann).

Seit 1959 organisiert der Börsenverein des Deutschen Buchhandels in Zusammenarbeit mit Buchhandlungen, Bibliotheken und Schulen einen bundesweiten Vorlesewettbewerb. Nähere Informationen für Lehrer, Veranstalter und Schüler finden sich unter der Internetadresse: www.vorlesewettbewerb.de

Kurzbeschreibung der Methode:

Ziel dieser Methode für das Lesen und Verstehen eines Textes ist es, durch Aktivieren von Vor- und Fachwissen Schüler zur Auseinandersetzung mit dem Text zu bringen. Durch Austausch mit anderen wird der Umgang mit im Text auftauchenden Unklarheiten und durch einen Wechsel der Darstellungsform eine Form der Visualisierung von Textinhalten geschult.

Notizzettel bzw. Papierstreifen

Durchführung:

- Die Schüler lesen den Ausgangstext mit dem Auftrag, wichtige und/oder unbekannte Begriffe auf Papierstreifen zu schreiben (z. B. zwei oder drei Begriffe pro Schüler).
- Nach der Textlektüre stellen sich die Schüler in einem Kreis auf; jeder Schüler legt vor sich die von ihm beschrifteten Papierstreifen hin.
- Nacheinander erklären die Schüler, wieso der von ihnen notierte Begriff (bzw. das Schlüsselwort) für den Textinhalt wichtig ist. Es ist dabei überhaupt nicht schlimm, wenn einzelne Begriffe mehrfach zur Sprache kommen, da die Schüler auch unterschiedliche Zugänge zum Begriff bzw. zum Text haben können. – Bei ihnen unbekannten Wörtern entwickeln die Schüler Annahmen über die mögliche Bedeutung. Die Schüler erhalten in diesem Fall jeweils ein Feedback von der Klasse.
- Nach der Vorstellung der Begriffe werden die Papierstreifen auf einem großen Plakat mit dem Titel des Textes in der Mitte zu einer Mindmap (vgl. auch Abschnitt 3.3) geordnet.
- Die Schüler diskutieren verschiedene Anordnungsmöglichkeiten. Wenn alle mit der Anordnung zufrieden sind, können die Papierstreifen aufgeklebt werden.

Weitere Hinweise:

Die Durchführungsdauer ist stark von der Klassengröße und vom Textumfang abhängig. Bei längeren Texten bzw. großen Klassen kann die Textlektüre bereits in Zweier- oder Kleingruppen erfolgen, sodass sich die anschließende Vorstellung der Begriffe verkürzt.

Die Methode, die sich nicht nur für die Besprechung literarischer Texte, sondern gerade auch für die Analyse von Sachtexten sehr gut eignet, kann auch zur Vorbereitung auf das Zusammenfassen eines Textes durchgeführt werden.

Kurzbeschreibung der Methode:

Das Bauen und anschließende Besprechen eines Standbildes führt in der Regel zu einem produktiven Gespräch über den Ausgangstext; Standbilder schärfen zugleich das Bewusstsein der Schüler für Gestik, Mimik und Körpersprache.

Durchführung:

- Der Lehrer gibt einen Text bzw. einen ergiebigen Textausschnitt vor.
- Die Schüler erarbeiten in Gruppen den Text (Inhalt, Hauptaussage, Charakter und Verhältnis der Figuren zueinander) und überlegen, wie sich ein zentraler Aspekt des Textes (z. B. eine Begegnung oder die Beziehung zweier Figuren) durch Gestik, Mimik und Körpersprache ausdrücken lässt.
- Innerhalb der Gruppen erfolgt die Einteilung in Darsteller und Standbildbauer („Regisseure“).
- Entsprechend der gemeinsamen Vorüberlegungen in der Gruppe stellen die Standbildbauer nun die Darsteller auf und geben ihnen genaue Anweisungen zur Mimik; alles wird so lange verändert bzw. geformt, bis das Bild dem entspricht, was ausgedrückt werden soll.
- Das fertige Standbild wird in der Klasse gezeigt (und ggf. auch fotografiert); zuerst beschreibt dann die Klasse, was sie sieht und was das Standbild für sie ausdrückt. Anschließend erklärt die darstellende Gruppe ihr Bild.
- Gemeinsam wird – immer mit Bezug auf den Text – über mögliche Verbesserungen oder Erweiterungen diskutiert.

Weitere Hinweise:

Befindet man sich mitten in der Lektüre einer Ganzschrift, können den verschiedenen Gruppen unterschiedliche Szenen zur Bearbeitung gegeben werden. Die anderen Gruppen müssen dann erraten (und dies natürlich auch begründen), um welche Textstelle es sich handelt.

Grundsätzlich eignen sich Standbilder am besten für szenische Texte (bzw. im Rahmen einer Filmanalyse); es können dann aus den Bildern auch schon kleine **Spielszenen** entwickelt werden. Aber auch bei epischen Texten (z. B. einer Kurzgeschichte) oder Gedichten (wenn etwa die Situation des Sprechers im Gedicht dargestellt wird) kann der Einsatz der Methode sehr ergiebig sein.

Kurzbeschreibung der Methode:

Form der Gruppenarbeit, bei der die Schüler wechselseitig auch die Rolle des Lehrenden übernehmen (das Reziproke liegt also im Lernen durch Lehren). Ziel der Methode ist so nicht nur die Texterschließung, sondern auch die Entwicklung der Selbstständigkeit und der Einsicht in den Lernprozess.

Durchführung:

- In Gruppen zu vier bis sechs Schülern untersuchen die Schüler einen vom Lehrer vorgegebenen Text(ausschnitt).
- Die Schüler erhalten bestimmte Teilaufgaben. Ist der Text bzw. ein entsprechender Abschnitt gelesen worden, bearbeiten die Schüler zunächst ihre Aufgaben; anschließend wird der erste Schüler zum „Lehrer" (Gruppenleiter) und stellt Fragen, fordert Erklärungen ein und/oder formuliert Hypothesen zur Textdeutung (siehe Beispiele).
- Nacheinander übernehmen die weiteren Schüler in der gleichen Weise die Gruppenleitung.
- Je nach Aufgabenstellung können abschließend die Arbeitsergebnisse gemeinsam in der Gruppe festgehalten und in der Klasse präsentiert und besprochen werden.

Beispiele:

1. Ein Schüler formuliert Fragen zum Inhalt des Textes.
2. Ein Schüler achtet auf schwierige Wörter oder Passagen (und fordert dann zu entsprechenden Erläuterungen auf).
3. Ein Schüler achtet auf sprachliche Auffälligkeiten im Text (Textstil, rhetorische Figuren, Wortwahl usw.).
4. Ein Schüler fasst den Text abschnittsweise zusammen.
5. Ein Schüler stellt Vermutungen über den Inhalt des weiteren Textes an.
6. Ein Schüler stellt Vermutungen über die Intention des Autors bzw. die Aussageintention des Textes (ggf. unter Berücksichtigung des Kontextes) an.

Weitere Hinweise:

Die Rolle des Gruppenleiters wird am besten bei der Einführung der Methode durch den Lehrer einmal vorgeführt.
Innerhalb der Gruppe können sich die Schüler auch Rückmeldungen darüber geben, wie eine Gruppenleitung erfahren wurde und wie sie ggf. verbessert werden könnte.

Kurzbeschreibung der Methode:

Die Methode des Rollengesprächs ist eine Variante des Rollenspiels. Es verlangt die Identifikation eines Schülers mit einer literarischen Figur, deren Verhalten und Charakter ihm so besser verständlich wird. Die Bewertung eines Rollengesprächs bietet einen guten Einstieg in die Diskussion über den Ausgangstext.

Durchführung:

- Der Lehrer gibt einen Text bzw. einen ergiebigen Textausschnitt vor.
- Die Schüler erarbeiten in Zweierteams (ggf. auch in Gruppen) den Text und insbesondere den Charakter der Hauptfigur und ihr Verhältnis zu anderen Figuren.
- Innerhalb der Teams (Gruppen) wird ein Interviewer sowie derjenige bestimmt, der die Rolle der Figur übernimmt. Während der Interviewer Fragen ausarbeitet, vertieft sich der Rollenspieler weiter in seine Rolle.
- Das Rollengespräch wird vor der Klasse durchgeführt. Gegebenenfalls können aus der Klasse weitere Fragen an den Rollenspieler gestellt werden.
- Abschließend kann das Rollengespräch vor dem Hintergrund des Ausgangstextes bewertet werden.

Beispiele:

1. Angaben zur Person: Wie alt bist du? Woher kommst du? Wer sind deine Eltern? Was ist dein Beruf/womit beschäftigst du dich?
2. Angaben zum Aussehen: Wie siehst du aus? Wie nehmen dich andere wahr? Mit welcher Blume/welchem Tier würdest du dich vergleichen?
3. Angaben zum Charakter: Welches Erlebnis hat dich entscheidend geprägt? Wovor hast du Angst/überhaupt keine Angst? Was regt dich auf? Worüber freust du dich? Welche Eigenschaften schätzt du bei anderen am meisten/am wenigsten?
4. Angaben zum Verhalten: Wie reagierst du, wenn jemand unpünktlich ist/dich belügt/dich versetzt/ …? Wie ist dein Verhältnis zur Figur X? Warum?

Weitere Hinweise:

Eine Variante des Rollengesprächs ist die **Rollenbiografie**. Hierbei verfasst man aus der Sicht und Perspektive einer literarischen Figur eine Gedankenrede, in der wesentliche Fragen (siehe die Beispiele) zur Biografie und dem Charakter einer Figur beantwortet werden. Die Rollenbiografie ist, anders als der **Innere Monolog**, nicht situationsbezogen und weist auch keine Merkmale spontaner Rede auf.

Kurzbeschreibung der Methode:

Die Kartografie eines Textes hilft den Schülern, einen (komplexen) Text schneller zu erfassen und Interpretationsansätze zu finden.

Durchführung:

- Der Lehrer gibt einen (komplexen) Text vor.
- Die Schüler bearbeiten den Text in Einzel-, Partner- oder Gruppenarbeit, indem sie zunächst Schlüsselbegriffe (in verschiedenen Farben) markieren, dann nach (untergeordneten) Begriffen zu diesen Schlüsselbegriffen suchen und diese unterstreichen.
- Zwischen den verschiedenen Schlüsselbegriffen und (untergeordneten) Begriffen werden Sinnzusammenhänge durch Verbindungslinien und Pfeile (auch Gegensatzpfeile) visualisiert.
- Die Arbeitsergebnisse können dann ggf. in der Klasse zur Diskussion gestellt werden.

Beispiele:

1. Oberbegriffe und (gemeinsame) Unterbegriffe: Gefühl – Angst, Mut, panisch, sich erschrecken, …
2. Begriff und Umschreibung/Synonym: Liebe – das stärkste aller Gefühle, Amors Pfeile, …
3. Gegensatzpaare: er/sie, der eine/der andere, stark/schwach, Vater/Sohn, …
4. Wortfelder: schön – herrlich, prächtig, wunderbar, …
5. Wortfamilien: sehen – Ansicht, vorhersehbar, zusehen, …

Weitere Hinweise:

Die Methode der Kartografie erweitert die gängigen Markierungs- bzw. Textbearbeitungsverfahren (**Schlüsselwörter** markieren, **Randnotizen** schreiben) um das wesentliche Element der sinnstiftenden Zusammenhänge, zielt also nicht nur auf Texterfassung (wie Inhalt, Gliederung, Argumentation), sondern auf ein tieferes Verständnis, das insbesondere auch die sprachliche Gestaltung eines Textes mit einschließt.

In unteren Klassen (Klasse 8 bis 9/10) bieten sich für das Verfahren vor allem Kurzgeschichten, Parabeln und Sachtexte an, in oberen Klassen (ab Klasse 10) dann anspruchsvolle Sachtexte, Lyrik und Schlüsselszenen aus dramatischen Texten.

Kurzbeschreibung der Methode:

Bei der Spickzettelmethode wird sowohl die Texterschließung und -zusammenfassung geübt als auch die Eigenverantwortung für den Lernprozess gestärkt.

Durchführung:

- Der Lehrer teilt Zweierteams ein, die jeweils zwei Sachtexte zu bearbeiten haben (z. B. zwei Texte, die unterschiedliche Aspekte zu einem übergeordneten Thema behandeln).
- Innerhalb der Teams entscheiden sich die Schüler für die Bearbeitung jeweils eines Textes. Aufgabe ist es, den Text inhaltlich auf fünf bis zehn Schlüsselwörter zu reduzieren (der Spickzettel), wobei aber unbegrenzt viele Symbole und Zeichnungen verwendet werden können.
- Innerhalb des Teams geben die Schüler die wichtigsten Inhalte ihres Textes mithilfe des Spickzettels an den Partner weiter. Der jeweils andere schreibt auf der Rückseite seines Spickzettels mit.
- Abschließend trägt einer der beiden Schüler den Inhalt beider Texte in der Klasse vor.

Weitere Hinweise:

In unteren Jahrgangsstufen kann die Methode vereinfacht werden, indem die Methode auf die Reduktion des Textinhalts auf den Spickzettel beschränkt wird. Um die Spickzettelerstellung einzuüben, können Texte ggf. auch zu zweit bzw. in Kleingruppen erarbeitet werden.

Durch die Spickzettelmethode kann die Textzusammenfassung bzw. das Erstellen von Exzerpten vorbereitet werden.

Die Spickzettelmethode muss nicht auf Sachtexte beschränkt bleiben, sondern kann auch bei längeren literarischen Texten (z. B. bei einer Klassenlektüre) zur Anwendung kommen; entsprechend müssen dann mehr Schlüsselwörter bzw. Notizen erlaubt werden.

Kurzbeschreibung der Methode:

Der Grundgedanke der Methode basiert auf der Annahme, dass Schüler durch aktives Eingreifen in einen literarischen Text und durch das Sich-Hineinversetzen in literarische Figuren zu einer intensiveren Auseinandersetzung mit dem Ausgangstext und in der Folge zu einem vertieften Textverständnis gelangen.

Durchführung:

- Zu einem in der Klasse gelesenen (und ggf. bereits besprochenen) Text stellt der Lehrer mögliche produktiv verstehende Arbeitsverfahren (siehe die Beispiele) vor.
- Die Schüler entscheiden sich selbstständig für eine Bearbeitungsmöglichkeit und bearbeiten den Ausgangstext (auch in Zweierteams oder Kleingruppen) entsprechend.
- Die Schüler (Teams bzw. Gruppen) präsentieren ihr Bearbeitungsergebnis in der Klasse und begründen, weshalb sie sich für die gewählte Bearbeitungsform entschieden haben.

Beispiele:

1. (übergeordnet:) Perspektivwechsel: Die Schüler nehmen die Perspektive einer Figur ein, die nicht mit der Perspektive des Erzählers identisch ist, erzählen also z. B. die Geschichte aus der Perspektive einer Figur, über die der Erzähler in der Er-Form berichtet.
2. Figurenbrief: Die Schüler nehmen die Perspektive einer Figur ein und schreiben einen Brief an eine andere Figur des Textes (der Brief hat die Form eines gewöhnlichen Briefes mit Orts- und Datumsangabe, Anrede, Grußformel).
3. Tagebucheintrag: Dem Figurenbrief vergleichbar, allerdings deutlich freier, da sich die Schüler an eine von ihnen selbst erschaffene Figur wenden können.
4. Innerer Monolog: Die Schüler geben in der Ich-Form die Gedanken und Gefühle einer literarischen Figur wieder (Innere Monologe stehen stets im Präsens und sind an der Alltagssprache orientiert, d. h. die Sätze können kurz, reihend oder auch unvollständig sein).
5. Offenes Ende/Weiterschreiben eines Textes: Die Schüler schreiben den Text ab einer bestimmten (handlungsoffenen) Stelle weiter, erfinden also eine Fortsetzung/ein Ende, das den Textvorgaben entspricht.

Weitere Hinweise:

Wesentlich für das produktiv verstehende Schreiben als Methode ist es, dass die Schüler ihre Entscheidung für eine bestimmte Schreibform aus dem Text heraus begründen (bzw. diese zur Diskussion stellen) und formulieren, ob und ggf. welche Einsichten sie durch diese Form der Textbearbeitung bekommen haben.

Wird die Methode lesebegleitend bei der Lektüre von Ganzschriften eingesetzt, können die Ergebnisse z. B. als Wandzeitung gesammelt und von Zeit zu Zeit rückblickend bewertet werden.

Kurzbeschreibung der Methode:

Grundgedanke der Methode ist es, die Schüler durch Textauswahl zu einer textüberschreitenden Bewertung von Texten zu bringen (unter Einbezug von Leseerfahrungen, Fachwissen und der Berücksichtigung von Fremdperspektiven). Es handelt sich bei der Methode um eine Sonderform des Fach- bzw. Expertengesprächs.

Durchführung:

- Der Lehrer teilt Gruppen ein (mindestens vier Gruppenmitglieder); diese Gruppen erhalten zur Bearbeitung mehrere (mindestens drei) Texte mit vergleichbaren Inhalten bzw. derselben Gattung. Der Lehrer erklärt außerdem die Aufgabe, die darin besteht, in einer Redaktionskonferenz, einen oder zwei der vorgegebenen Texte auszuwählen.
- Alle Gruppenmitglieder lesen die Texte.
- In der Gruppe wird die Textauswahl je nach Aufgabenstellung (siehe Beispiele) diskutiert.
- Die Entscheidung wird dem Plenum vorgestellt; alternative Entscheidungen von anderen Gruppen können diskutiert werden.

Beispiele:

1. Schulbuchredaktion: Die Schüler entscheiden als Schulbuchredakteure, welche der vorliegenden Kurzgeschichten, Parabeln, Märchen, Romanauszüge usw. in einem Schulbuch abgedruckt werden sollen (sie berücksichtigen dabei die Erwartungen, die Schüler, aber auch Lehrer an einen solchen Text haben).
2. Zeitungsredaktion: Die Schüler entscheiden als Redakteure der Rubrik „Vermischtes" (auch „Panorama", „Aus aller Welt" o. Ä.), welche der vorliegenden Meldungen, Berichte oder Kurzreportagen in der nächsten Ausgabe unter dieser Rubrik abgedruckt werden sollen (sie berücksichtigen dabei die Erwartungen der Zeitungsleser an solch einen Text).

Weitere Hinweise:

Die Methode kann im Anspruch dadurch gesteigert werden (ab Klasse 10), dass neben der Auswahl der Texte zusätzlich deren Bearbeitung (z. B. indem dpa-Meldungen eine neue Überschrift erhalten und/oder stellenweise umformuliert werden) und vor allem Kürzung (z. B. indem längere Sachtexte zugleich auch um einige Absätze gekürzt werden müssen) gefordert werden.

Gegebenfalls kann den Redaktionsgruppen auch eine Beobachtergruppe an die Seite gestellt werden, die ein Verlaufsprotokoll des Gesprächs anfertigt und anschließend den Konferenzteilnehmern ihre Diskussionsweise und ihr Verhalten spiegelt.

Kurzbeschreibung der Methode:

Lesetagebücher begleiten die Lektüre eines Buches und werden im Prinzip wie ein normales Tagebuch geführt. Lesetagebücher helfen nicht nur, den Leseprozess zu strukturieren, sondern fördern auch das literarische Reflexionsvermögen der Schüler.

Durchführung:

- Der Lehrer erläutert das Verfahren des Lesetagebuchs und bestimmt die Lektüre.
- Die Schüler legen zu ihrer Lektüre z. B. in einem DIN-A5-Heft ein Lesetagebuch an, das zumindest (siehe weitere Möglichkeiten unter Beispiele) folgende Angaben enthalten sollte:

Lesetagebuch zum Roman „Löcher" von Louis Sachar – von Maria Wegener

gelesene Stelle	Lesedauer	Was ist passiert/ Worum geht es?	Hinweise zur Bearbeitung der begleitenden (Haus-)Aufgabe
Kap. 1	25 Min.	Stanley wird ins Lager gebracht; …	erster Eindruck von Stanley: sympathisch, …
S. 17–21	20 Min.	…	…

- Der Leseprozess kann durch begleitende Aufgaben unterstützt werden.
- Sind die Lesetagebücher abgeschlossen, können sie unter den Schülern ausgetauscht und diskutiert werden.

Beispiele:

1. Besonders witzige, spannende, schöne usw. Stellen können abgeschrieben werden (mit kurzer Erklärung, was man an dieser Stelle besonders findet).
2. Offene Fragen zu bestimmten Textstellen notieren.
3. Handlungsräume, besondere Gegenstände oder Figuren zeichnen (skizzieren).
4. Kommentare zu Textstellen (z. B. Handlungsalternativen benennen oder Vermutungen über den Fortgang der Geschichte anstellen)
5. Produktiv verstehende Verfahren: Inneren Monolog, Figurenbrief usw. schreiben.

Weitere Hinweise:

Ergiebig ist dieses Verfahren nicht nur bei gemeinsamen Klassenlektüren. Denkbar ist auch, dass von den Schülern die Lektüre eines selbstgewählten Buches verlangt wird (z. B. als Hausaufgabe über mehrere Wochen), über das dann ein Lesetagebuch geführt werden soll (schon um sicherzustellen, dass die Schüler das Buch auch wirklich selbst gelesen haben); die Schüler könnten dann in Kurzreferaten das von ihnen gelesene Buch vorstellen, wobei das Lesetagebuch als Erinnerungsstütze dient.

Kurzbeschreibung der Methode:

Das Medientagebuch soll die Schüler über die Bewertung des eigenen Medienverhaltens zu einem bewussteren Umgang vor allem mit elektronischen bzw. den so genannten Neuen Medien führen.

Durchführung:

- Der Lehrer erklärt die Anlage des Medientagebuchs, das so aussehen könnte:

aktiv genutztes Medium	Nutzungszeit (von bis)	Warum ich das Medium genutzt habe	Mein Kommentar
Zeitung	7:00 – 7:10	Fußballergebnisse, Kinoprogramm	mein Verein hat schon wieder gewonnen!!!
MP3-Player	7:20 – 7:35	Gewohnheit	bin Lara begegnet; hat nichts gesagt, wegen MP3-Player?
...			
Internet	15:30 – 17:00	Langeweile	hab nebenbei Hausaufgaben gemacht

- Die Schüler führen das Medientagebuch über mindestens drei Tage. Notiert werden alle aktiven außerschulischen Nutzungen von Medien, die mehr als wenige Minuten andauern (es muss also nicht jedes einzelne Telefonat oder jede einzelne SMS notiert werden, wohl aber, wenn man sich über mehr als 10 oder 15 Minuten am Stück mit dem Handy abgibt).
- Die Schüler errechnen für sich, wie viel Zeit sie pro Tag mit welchen Medien aktiv verbringen. In der Klasse wird über die wichtigsten Medien und die wichtigsten Nutzungsgründe diskutiert.

Weitere Hinweise:

Wird das Klassenergebnis ausgewertet, ist das Ergebnis zwar nicht statistisch valide, doch bei über 20 Schülern auch mehr als nur Zufall. Es kann deshalb sehr lohnend sein, die durch das Tagebuch gewonnenen Daten (auch fächerübergreifend mit Mathematik/Informatik) in Diagramme umzusetzen: Welche Medien werden am häufigsten genutzt? Wie lange im Durchschnitt? Wichtigste Nutzungsgründe? Plant man eine solche statistische Auswertung (die dann auch mit offiziellen Statistiken verglichen werden kann), so bietet es sich an, die Schüler ihr Medientagebuch anonym führen zu lassen. Was sich an Erkenntnisgewinn durch ein Medientagebuch beim einzelnen Schüler vielleicht noch nicht einstellt, wird bei der Betrachtung der Gesamtauswertung oft deutlicher, nämlich dass Mediennutzung oft aus „Zerstreuung", „Langeweile", Gewohnheit" usw. erfolgt, also letztlich verzichtbar ist.

Kurzbeschreibung der Methode:

Durch Rechercheprotokolle sollen die Schüler lernen, ihr Suchverhalten im Internet zu reflektieren und gezielte Recherchestrategien zu entwickeln. Rechercheprotokolle müssen lehrerseitig durch Suchtipps unterstützt werden.

Zugang zu mehreren Rechnern mit Internetzugang

Durchführung:

- Der Lehrer erläutert, wie das Rechercheprotokoll zu führen ist, teilt Gruppen ein, legt einen Zeitrahmen fest und gibt den Rechercheauftrag vor. Das Protokoll könnte so aussehen:

Suchauftrag: Friedrich Dürrenmatt, Der Richter und sein Henker (Materialien)
Gruppe: Sarah, Habib, Michael, Sandra, Lea

Seite	Eingabe/Klick	Ergebnis	Bewertung
Startseite	www.google.de		
www.google.de	Dürrenmatt Richter Henker	wikipedia-Seite; dieter-wunderlich.de; klassenarbeiten.de	wikepedia ist meist zuverlässig; D. Wunderlich kennen wir nicht, also Vorsicht; …
www.google.de	Klick auf wikipedia	…	…

- Die Schüler recherchieren zum vorgegebenen Thema und führen ein Protokoll.
- Der Lehrer unterstützt die Schüler durch Recherchetipps:
  - Phrasensuche: Suchbegriffe werden in Anführungszeichen gesetzt; dadurch werden nur die Seiten angezeigt, auf denen die gesuchten Begriffe in genau der Reihenfolge unmittelbar hintereinander vorkommen
  - Wechsel der Suchmaschine; Hinweis auf Metasuchmaschinen; Hinweis auf Link-Suche (etwa am Beispiel von wikipedia)
  - Hinweis auf die „Erweiterte Suche“; insbesondere die Beschränkung auf besondere Dateiformate (bei der Suche nach Texten vor allem „pdf“) sowie die Suche im Titel bzw. Hauptteil der Seite kann sehr hilfreich sein
  - Hinweise auf „sichere“ (offizielle) Seiten
- Nach Beendigung der Suchphase stellen die Gruppen sowohl die von ihnen gefundenen Ergebnisse als auch ihren Rechercheweg vor. Im Plenum werden Rechercheerfahrungen ausgetauscht (z. B. können die Adressen von Seiten, mit denen man gute Erfahrungen gemacht hat, gesammelt werden).

Kurzbeschreibung der Methode:

Filmprotokolle sind zunächst die Grundlage für ein fundiertes Gespräch über Filme (ein Film an sich ist ja nicht zitierbar). Sie leisten sodann zweierlei: Zum einen werden die Schüler durch das Protokollieren vertraut mit den entsprechenden Fachbegriffen, zum anderen schärfen sie ihr Bewusstsein für die Machart von Filmen.

Zugang zu mehreren Rechnern mit Internetzugang

Durchführung:

- Der Lehrer gibt den zu analysierenden Filmausschnitt vor (am besten als Datei für den PC) und erklärt die Art des Protokolls.
- Die Schüler analysieren den vorgegebenen Filmausschnitt in Gruppen und erstellen das entsprechende Protokoll.
- Im Plenum werden die Ergebnisse vorgestellt und diskutiert.

Beispiele:

1. **Storyboard**: Produktionsorientierte Herangehensweise an einen Film. Die Schüler zeichnen, einem Comicstrip vergleichbar, wichtige Bilder aus dem Filmausschnitt ab (Variante: am PC können auch Screenshots erstellt werden). In der Klassendiskussion geht es vor allem darum, zu begründen, weshalb die jeweiligen Bilder als zentral ausgewählt wurden.
2. **Sequenzprotokoll**: Sequenzen sind Einstellungsfolgen, die Handlungsschritte abbilden:

Sequenz	Dauer	Zusammenfassung des Inhalts
1	00:00:49 – 00:01:01	Melissa kommt nach Hause, legt ihre Sachen ab, blickt zweifelnd zum Telefon …
2	00:01:02 – 00:01:44	…

3. **Einstellungsprotokoll**: Erfasst den Film in unterster Segmentierungsebene; in der Erläuterung zur Szene wird eingegangen auf Kameraperspektive und -standort, Einstellungsgröße, Requisiten sowie ggf. die Schauspieler. Muster:

Einstellung, Dauer	Kurzbeschreibung Szene	Sprechtext	Ton, Musik, Licht	Erläuterung (ggf. Skizze)
1 (00:00:49 – 00:00:53)	Melissa schließt Wohnungstür auf, öffnet sie und tritt ein	–	Schließgeräusche, Auf-/Zugehen der Tür	Kamera steht hinter Melissa, Normalperspektive, amerikanische Einstellung …
2 …				

Kurzbeschreibung der Methode:

Das Ideenblatt gehört zu den Gruppenverfahren der Ideenfindung; durch die Einfälle anderer Gruppenmitglieder wird das eigene Denken beflügelt.

Durchführung:

- Der Lehrer gibt das Thema bzw. die Aufgabe vor, legt den Zeitrahmen fest und bestimmt die Gruppeneinteilung.
- Jedes Mitglied einer Gruppe erhält ein Blatt und faltet es der Länge nach so, dass drei (zwei) Spalten entstehen, und quer entsprechend der Zahl der Gruppenmitglieder (z. B. viermal).
- In die drei (zwei) Spalten der ersten Zeile schreibt jeder Schüler nun jeweils eine Idee zu dem vorgegebenen Thema, also insgesamt drei (zwei) Ideen.
- Danach wird das eigene Blatt an das nächste Gruppenmitglied weitergegeben.
- Die Ideen auf dem erhaltenen Blatt werden gelesen und in der zweiten Zeile hinterfragt, kommentiert oder um weitere bzw. neue Ideen ergänzt.
- Erneut wird das Blatt weitergegeben, bis alle Gruppenmitglieder jedes Blatt einmal hatten. So bekommt man – bei einer Vierergruppe – vier Blätter mit je zwölf (acht) Einfällen, also insgesamt 48 (32) Ideen.
- Innerhalb der Gruppe werden die wichtigsten Ideen und Gedanken herausgearbeitet und anschließend der Klasse vorgestellt.

Beispiele:

1. Ideen sammeln zum Handlungssetting (Ort, Zeit, Figuren, Vorgeschichte) einer Geschichte
2. Ideen sammeln zum Plot einer Geschichte
3. Ideen sammeln zu den Eigenschaften und Fähigkeiten der Hauptfiguren einer Geschichte
4. Ideen sammeln zur Verbesserung einer vorliegenden Geschichte

Weitere Hinweise:

Eine dem Ideenblatt sehr ähnliche Variante wird gelegentlich als **Methode 635** (6 Schüler, 3 Ideen in 5 Minuten) bezeichnet.

Der Einsatz von Ideenblättern muss nicht auf die Ideenfindung bei der Schreibplanung beschränkt bleiben, sondern kann etwa auch bei strittigen Fragen zur Positionsfindung eingesetzt werden.

Eine bekannte Alternative zum Ideenblatt ist das **Brainstorming** (engl. „Ideenkonferenz, Ideenwirbel"). Auch hier gibt der Lehrer das Thema vor, legt den Zeitrahmen fest und bestimmt ein oder zwei Protokollanten. Innerhalb einer Gruppe werden von allen Mitgliedern möglichst rasch nacheinander zum Thema bzw. zu der Aufgabe kurze Sätze (in den unteren Klassen auch Stichwörter) formuliert. Die Protokollanten notieren diese Kurzstatements. Anschließend werden die Gedanken in der Klasse diskutiert und gegebenenfalls bewertet.

Kurzbeschreibung der Methode:

Das Automatische Schreiben gehört zu den individuellen Verfahren der Ideenfindung; es dient nicht nur der Ideensammlung, sondern macht zugleich „warm" für den späteren Schreibprozess.

Durchführung:

- Der Lehrer gibt das Thema bzw. die Aufgabe (zu Beispielen siehe Abschnitt 1.2) vor und legt den Zeitrahmen fest.
- Die Schüler schreiben – in ganz entspannter Haltung – zu einem Thema so schnell wie möglich möglichst viel.
- Wichtig ist, dass man beim Schreiben nicht stockt (hat man keine Ideen, malt man Schlangenlinien oder schreibt sinnlose Buchstaben oder Wörter auf).
- Ist die Zeit um oder ist der Schreibfluss dauerhaft abgeebbt, endet das Automatische Schreiben. Das Geschriebene wird gelesen und zentrale Gedanken werden ggf. der Gruppe/Klasse vorgestellt.

Weitere Hinweise:

Die Technik des Automatischen Schreibens geht auf die französischen Surrealisten und Dadaisten zurück (*écriture automatique*), die sie nutzten, um kreative Impulse für ihr (lyrisches) Schreiben zu erhalten.

Das Automatische Schreiben hat den Vorteil, dass – im Gegensatz zum Cluster – trotz aller Gedankensprünge und sprachlicher Fehler schon oft ein roter Faden sichtbar wird.

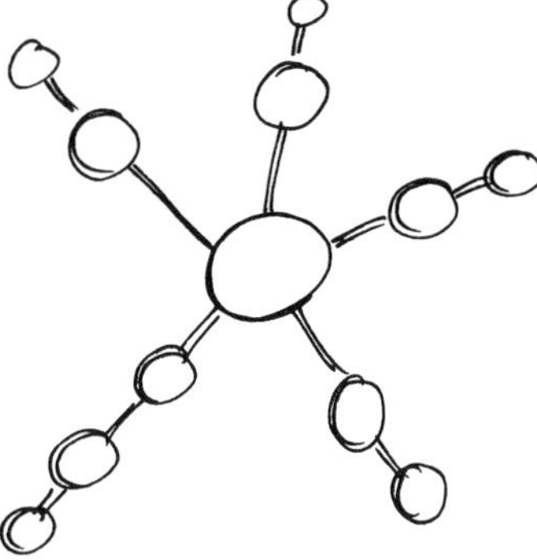

Eine bekannte funktionale Variante zum Automatischen Schreiben stellt das **Cluster** (engl. „Bündel, Anhäufung") dar. Im Gegensatz zum **Brainstorming** arbeitet hier jeder für sich. Zu einem Kernwort werden stichwortartig Assoziationsketten gebildet. Auf diese Weise können Gedankenströme visualisiert werden.

Kurzbeschreibung der Methode:

Das Mindmapping (engl. *mindmap* „Gedankenlandkarte") ist ein Ideenfindungsverfahren, das sowohl in Einzel- als auch in Gruppenarbeit durchgeführt werden kann. Eine Mindmap ist dabei eine Mischung aus freier Assoziation (wie im Brainstorming und dem Cluster) und ordnender Gliederung.

Durchführung:

- Der Lehrer gibt das Thema bzw. die Aufgabe (zu Beispielen siehe Abschnitt 1.2) vor und legt den Zeitrahmen fest.
- Zum Thema, das in der Mitte steht, schreiben die Schüler spontan in Form von Haupt- und Nebenästen sowie Zweigen Ideen und Gedanken, die durch die Niederschrift dann aber bereits geordnet werden.

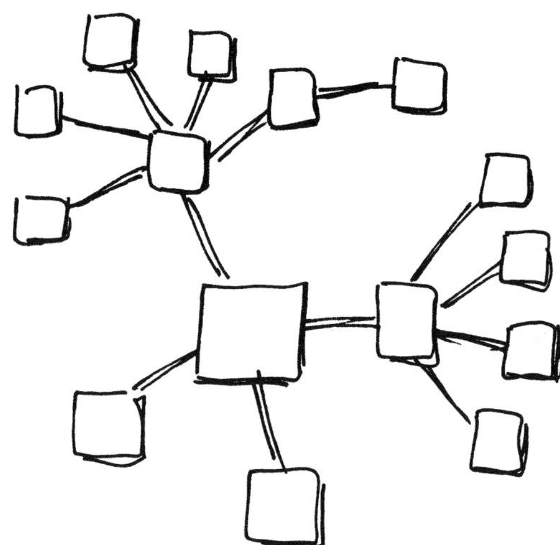

Weitere Hinweise:

Die Mindmap kann auch als reines Gliederungsverfahren (wenn die Stoffsammlung also schon abgeschlossen ist) eingesetzt werden (siehe z. B. Abschnitt 2.3).

Gerade in unteren Klassen können Mindmaps auch kleinere Zeichnungen bzw. Symbole enthalten und/oder die Äste in verschiedenen Farben gehalten werden, um den assoziativen Kern der Methode zu stützen.

Kurzbeschreibung der Methode:

Beim Kreativen Schreiben wird der Schwerpunkt auf den Schreibprozess gelegt. Durch angeleitete Schreibansätze sollen nicht nur die Kreativität der Schüler gefördert, sondern auch Schreibhemmungen gemindert werden, da es deutlich weniger inhaltliche und formale Vorgaben gibt.

Durchführung:

- Der Lehrer gibt die Art der kreativen Schreibaufgabe vor und gibt den Schülern ggf. weitere Anregungen.
- Die Schüler schreiben einzeln, zu zweit oder auch in kleinen Gruppen.
- Die Ergebnisse können in der Klasse vorgestellt oder auch einfach nur zum Lesen an eine Pinnwand gehängt werden.

Beispiele:

1. Nachgestaltung literarischer Vorlagen: Bekanntestes Beispiel sind Parallelgedichte (hier wird einem Gedicht durch Veränderung des Themas und der Wortwahl ein neuer Sinn gegeben, wobei die Struktur des Gedichtes, also Silbenzahl, Reimschema, Rhythmus usw., erhalten bleibt); das Verfahren kann aber auch in epischen (z. B. Märchen, Parabeln) und szenischen Texten (z. B. Sketche) verwendet werden.
2. Schreiben nach Bildimpulsen: Zu einem ungewöhnlichen Bild werden zunächst Ideen gesammelt und an der Tafel notiert. Die Schüler können diese Ideen dann für eine Geschichte zum Bild aufgreifen. – Als Variante kann auch eine Fotogeschichte geschrieben werden; hierbei gibt der Lehrer mehrere ungewöhnliche Bilder vor, die von den Schülern zunächst in eine Reihenfolge gebracht und dann über eine Geschichte inhaltlich verbunden werden.
3. Schreiben nach thematischen bzw. inhaltlichen Impulsen: Gemeinsam in der Klasse werden mündlich Ideen zu nicht existierenden Tieren, Gegenständen, Fantasiewelten, Wunschträumen usw. gesammelt. Die Schüler greifen diese Ideen auf und gestalten sie literarisch (Textsorte wird nicht vorgegeben).

Weitere Hinweise:

Auch beim Kreativen Schreiben sollte man als Lehrer nicht auf die Kreativität der Schüler allein bauen, sondern ihnen Formulierungshilfen und (sprachliche) Anregungen geben.

Eine Zwischenstellung zwischen dem Kreativen und dem **Produktiv verstehenden Schreiben** (siehe Abschnitt 2.9) nehmen **produktive Textveränderungen** ein. Dabei werden Inhalte und/oder die Textstruktur verändert, z. B.: Zeit (Handlung wird in die Zukunft/Vergangenheit verlagert), Sprache (z. B. kann der Stil verändert werden), Personen (z. B. kann eine neue Figur geschaffen werden).

Kurzbeschreibung der Methode:

Durch die Methode des Perspektivwechsels werden Schüler in die Situation gebracht, Schreibziele und -aufträge zu formulieren und aufeinander zu beziehen, sie nehmen also die Perspektive auf Geschriebenes ein, die normalerweise der Lehrer hat. Durch den Perspektivwechsel wird somit auch die kommunikative Funktion des Schreibens verdeutlicht.

Durchführung:

- Voraussetzung ist ein übergeordnetes größeres Unterrichtsprojekt (siehe Beispiele), das der Klasse vorgestellt wird.
- In der Klasse wird über verschiedene Schreibziele (z. B. Bericht über einen Klassenausflug schreiben) diskutiert. Diejenigen Ziele, auf die man sich verständigt, werden schriftlich fixiert.
- In Kleingruppen werden dann detaillierte Schreibaufträge zu diesen Schreibzielen formuliert (z. B.: Schreibe einen Bericht über den Klassenausflug am 5. Mai nach X. Der Bericht soll im Präteritum verfasst sein, die Reisedaten enthalten, unterhaltsam sein usw.).
- Die in den Gruppen erarbeiteten Schreibaufträge werden der Klasse vorgestellt, die ihre Tauglichkeit mit Blick auf das Schreibziel bewertet. Wenn nötig, werden die Schreibaufträge geändert bzw. präzisiert.
- Die Schreibaufträge werden (ggf. auch in einer anderen Stunde oder zu Hause) ausgeführt (eventuell ebenfalls in Gruppen oder in Teams); wichtig ist, dass kein Schüler einen Schreibauftrag bearbeitet, den er selbst mit entworfen hat.
- Die Gruppe, die den Schreibauftrag erstellt hat, kann dann eventuell auch den oder die Texte zu ihrem Auftrag bewerten.

Beispiele:

1. Klassenzeitung, die zum Abschluss eines Schuljahres erscheint und an Eltern und Mitschüler aus anderen Klassen verteilt wird. Die Zeitung könnte Texte über Ausflüge bzw. Klassenreisen sowie besondere Aktivitäten (Führung durch die Stadtbücherei, Betriebsbesichtigungen, Museums- und Theaterbesuche usw.) enthalten, Einblicke in wichtige Unterrichtsinhalte aus allen Fächern geben, Aktivitäten von AG´s schildern, neue Schüler vorstellen, ...
2. Themenhefte, die zu bestimmten unterrichtsrelevanten Inhalten erstellt werden (z. B. Themenheft Berufswahl, Themenheft Jugendliteratur, Themenheft Neue Medien); auch hier sollten die Hefte dann vervielfältigt werden und zumindest jeder Schüler sollte ein Exemplar bekommen. Solche Themenhefte können neben Informationstexten auch Interviews, Biografien (Porträts), diskontinuierliche Texte, Beschreibungen usw. enthalten.

Kurzbeschreibung der Methode:

Das Kooperative Formulieren ist eine schreibbezogene Variante der Gruppenarbeit (siehe dazu die Hinweise im Abschnitt 5.1). Dadurch, dass der Anforderungsdruck auf den einzelnen Schüler sinkt, sich Ideen wechselseitig befruchten und Mündlichkeit und Schriftlichkeit sich ergänzen, werden Schreibfähigkeiten und -strategien der Schüler gestärkt; außerdem überlagern sich Textproduktion und -korrektur.

Durchführung:

- Der Lehrer erteilt einen Schreibauftrag, legt den Zeitrahmen fest und nimmt die Gruppeneinteilung vor.
- Die Schüler erarbeiten in ihren Gruppen den Schreibauftrag. Der Lehrer unterstützt die Gruppenarbeit, indem er von Gruppe zu Gruppe geht, Fragen beantwortet und/oder Ratschläge gibt.
- Die so entstandenen Texte können in der Klasse vorgelesen und dort besprochen werden (ggf. mit Verbesserungsvorschlägen).

Weitere Hinweise:

Kooperatives Formulieren ist nicht auf bestimmte Textsorten bezogen und kann in nahezu allen Schreibbereichen Anwendung finden. Besonders geeignet ist die Methode dabei, wenn neue Textsorten eingeführt und erstmalig erprobt werden.

Von der Methode des Kooperativen Formulierens profitieren erfahrungsgemäß insbesondere schwächere Schüler.
Es empfiehlt sich daher, bei der Gruppeneinteilung darauf zu achten, dass lernstärkere und lernschwächere Schüler zusammenarbeiten; eine solche Gruppeneinteilung darf aber natürlich nicht dazu führen, dass der stärkste Schüler den Text alleine schreibt (diese Gefahr lässt sich dadurch reduzieren, dass von allen Gruppenmitgliedern eine individuell anzufertigende Liste von Formulierungsideen eingefordert wird).

Kurzbeschreibung der Methode:

Grundidee der Textlupe ist es, die Aufmerksamkeit der Schüler auf bestimmte, meist zeitnah besprochene Bereiche (z. B. besondere Rechtschreibphänomene, Wortwiederholungen, Satzanschlüsse, Wortschatz, Attribute, Anschaulichkeit, Bildhaftigkeit usw.) zu lenken.

Durchführung:

- Die Schüler haben einen Schreibauftrag bearbeitet. Der Lehrer nimmt die Gruppeneinteilung vor und verteilt die Arbeitsblätter (nach Muster der Tabelle unten Arbeitsblatt erstellen).
- Jeder Schüler bekommt den Text seines Nachbarn und notiert Lob, Kritik (bzw. Fragen) und macht Verbesserungsvorschläge. Nach einer vorher vereinbarten (durch den Lehrer festgelegten) Zeit wird die Schreibaufgabe samt dem Arbeitsblatt an den nächsten Schüler weitergereicht.

Schüler	Das hat mir gefallen:	Was mir auffällt:	Meine Vorschläge:
Sven	keine Wiederholungen	sehr kurze Sätze	Sätze verbinden
Iris	leicht zu lesen, guter Aufbau	...	
...			

- Am Ende der Runde bekommt jeder Schüler so wieder seinen eigenen Text samt den Hinweisen seiner Mitschüler aus der Gruppe.
- Der Schüler prüft die Hinweise und nimmt ggf. entsprechende Veränderungen an seinem Text vor (auch zu Hause).

Weitere Hinweise:

Der Lehrer greift in das Verfahren nicht ein. Eine Bewertung der Arbeit kann über die ausgefüllten Arbeitsblätter erfolgen.

Das Verfahren der Textlupe wird üblicherweise im Primarbereich und am Anfang der Sekundarstufe eingesetzt, kann jedoch auch in höheren Jahrgangsstufen sinnvoll eingesetzt werden, wenn die Arbeitsblätter entsprechend präzise gestaltet werden, etwa wenn die Schüler zu bestimmten Bereichen wie Satzbau, Wortwahl, Anschaulichkeit usw. konkrete Angaben machen sollen.

Kurzbeschreibung der Methode:

Im Unterschied zur **Textlupe** arbeiten bei der Schreibkonferenz alle Schüler innerhalb einer Gruppe nicht nur gemeinsam am Text, sondern gehen dabei auch gründlicher vor. Ziel der Methode ist vor allem die Textentwicklung.

Durchführung:

- Die Schüler haben einen Schreibauftrag bearbeitet. Der Lehrer nimmt die Gruppeneinteilung vor.
- Ein Text wird in der Gruppe vorgelesen; die Mitschüler des Autors äußern sich zunächst spontan zum Inhalt bzw. stellen Fragen. Der Autor notiert sich die Hinweise und/oder nimmt entsprechende Textmarkierungen vor.
- Der Text wird nun Satz für Satz gelesen und besprochen.
- Der Autor notiert sich alle Hinweise und arbeitet sie ggf. in seinen Text ein (auch zu Hause).

Weitere Hinweise:

Als hilfreich hat es sich erwiesen, den Schülern eine Checkliste an die Hand zu geben. Je nach Klassenstufe kann eine solche Liste auch sehr kleinteilig sein (also z. B. im Bereich der Rechtschreibung häufige Fehlerquellen wie das/dass, Dehnungszeichen, s-Schreibung usw. verzeichnen). Enthalten sollte eine solche Checkliste die Bereiche Inhalt, Wortwahl, Satzbau und Satzverknüpfung, Grammatik (v.a. Tempus, Pronomen, Deklination), Rechtschreibung und Zeichensetzung (samt der Satzabschlusszeichen).

Um eine echte Textentwicklung zu erreichen, kann man den Autoren die Arbeit erleichtern, wenn man von vornherein einen Text am PC schreiben lässt, sodass dann in der Überarbeitungsphase leichter umgestellt und ergänzt werden kann.

Eine Variante der Schreibkonferenz stellt das **Schreibkarussell** dar. Dabei bilden drei oder vier Paare eine Großgruppe. Mithilfe vorbereiteter Hinweiszettel wird von einem Paar ein Text bearbeitet; der Text (aber nicht der Hinweiszettel) wird dem nächsten Paar übergeben, das wiederum einen Hinweiszettel ausfüllt. Am Ende der Runde wurde jeder Text dreimal (viermal) von einem anderen Paar gelesen und jeder Autor hat drei (vier) Hinweiszettel zu seinem Text.

Kurzbeschreibung der Methode:

Die Methode sieht die Bewertung eines Textes nach bestimmten Kriterien vor und schult damit zunächst das Urteilsvermögen der Schüler, steuert aber indirekt auch den Schreibprozess, da die Schreiber beim Verfassen ihres Textes besonders auf die festgelegten Kriterien achten.

Durchführung:

- Der Lehrer erläutert das Verfahren, bestimmt und bespricht gemeinsam mit den Schülern die Bewertungskriterien (z. B. bei einer Erörterung: Gestaltung der Einleitung, Gestaltung des Schlusses, Gliederung Hauptteil/roter Faden, Stichhaltigkeit der Argumentation, sprachlicher Ausdruck) und erteilt den Schreibauftrag.
- Sind die Texte verfasst, wird eine Jury gebildet, deren Mitglieder auf je eines der vorgegebenen Kriterien besonders achten (d. h. Zahl der Jury-Mitglieder = Zahl der Bewertungskriterien).
- Nun werden die Texte vorgelesen und von der Jury bewertet, d. h. dass die für den jeweiligen Bereich zuständigen Jury-Mitglieder Punkte vergeben (von 1 = nicht gut bis 5 = sehr gut). Das Jury-Urteil kann nach folgendem Muster an der Tafel festgehalten werden:

Schüler	Einleitung	Schluss	roter Faden	Argumentation	Sprache	gesamt
Julia	3	4	1	2	4	14
Pascal	...					

- Im Anschluss an das Urteil kann der vorgelesene Text in der Klasse diskutiert und Verbesserungsvorschläge gemacht werden. Auch der Autor kann sich zu seinem Text äußern. Nicht äußern sollten sich dagegen die Jury-Mitglieder, deren Urteil von der Diskussion unberührt bleibt.
- Weitere Texte werden in gleicher Weise bewertet und besprochen.

Weitere Hinweise:

Statt die Jury lehrerseitig zu bestimmen, kann (was erfahrungsgemäß bei den Schülern zu einer höheren Akzeptanz führt) die Jury auch von den Schülern gewählt werden (jeder Schüler notiert auf einem Zettel drei Schüler, die er gerne in der Jury sehen möchte).

Die Methode setzt eine gewisse Reife voraus und sollte nur eingesetzt werden, wenn sicher ist, dass die Jury-Mitglieder ihre Aufgabe auch ernst nehmen.

Kurzbeschreibung der Methode:

Sprachrätsel sind ein Methodenbereich mit zahlreichen Varianten und Schwierigkeitsgraden, der auf den Prinzipien Umschreibung und/oder Verfremdung basiert. Gefördert werden das Sprachbewusstsein sowie, aufgrund der Möglichkeit der Selbstkontrolle, die Eigenständigkeit der Schüler.

Durchführung:

- Der Lehrer notiert ein oder mehrere Sprachrätsel an der Tafel/auf einem Arbeitsblatt.
- Die Schüler lösen die Rätsel (auch selbstständig zu Hause).

Beispiele:

1. **Anagramme und Verwandte**: Welchen Beruf übt „Fr. Inge C. Sonst, Rheine" aus (= Schornsteinfegerin)? – Statt echter Anagramme können aber auch Buchstabenhaufen verwendet werden: Bstbeuanch (= Buchstaben), ÄTPASSELSSR (= Rätselspaß; ß = ss) – Auf demselben Prinzip basieren Silbenrätsel: Ein hochgestellter Beruf: zer ken fens wol zer krat put ter ? (= Wolkenkratzerfensterputzer)
2. **Wort/Wörter im Wort**: Fundamente (= Fund, und, da, Dame, Amen, Ente) – Je nach Jahrgangsstufe können auch Wortbildungselemente oder Fremdwörter mit einbezogen werden: Regierungsumbildung (= re-, Gier, Regie, er, Run, un-, um, Bild, du, Dung, -ung)
3. **Geheimsprachen**: Fjo Cbvfs nfmlu tfjof Lvi. (= Ein Bauer melkt seine Kuh. – Jeder Buchstabe wird durch den ihm im Alphabet nachfolgenden ersetzt.)
4. **Homonyme raten** („Teekesselchen-Spiel"): In höheren Jahrgangsstufen käme es darauf an, dass der Begriff so geschickt umschrieben wird, dass er möglichst schwer zu erraten ist.

Weitere Hinweise:

Zu den Sprachrätseln zählen auch „Klassiker" wie die **Scharade** (pantomimische Darstellung von Begriffen), das **Kreuzworträtsel** oder **Buchstabengitter**.

Kleine Leserätsel benötigen wenig Zeit und können jede Stunde (auch als Stundeneinstieg oder -abschluss) gelöst werden. Es ist auch möglich, die Schüler solche Rätsel selbst entwerfen zu lassen. So könnten jede Stunde ein oder zwei Schüler bestimmt werden, die für die nächste Stunde ein kleines Leserätsel (als Varianten der Beispiele) entwerfen; dies ist auch in Partner- oder Kleingruppenarbeit möglich und sinnvoll.

Kurzbeschreibung der Methode:

Wortreihen bestehen aus drei bis sechs Wörtern, von denen eines nicht in die Reihe passt. Wortreihen schulen das Sprachgefühl, sind einfach in der Durchführung und vielfältig einsetzbar (Wortarten, Wortschatz und Rechtschreibung).

Durchführung:

- Der Lehrer notiert eine oder mehrere Wortreihen an der Tafel/auf einem Arbeitsblatt.
- Die Schüler finden heraus, welches Wort nicht in die Reihe gehört.

Beispiele:

1. (Wortarten, sehr einfach): Haus – Auto – gehen – Apfel (= gehen: Verb, kein Nomen)
2. (Wortarten, einfach): schön – sehr – sanft – sauer (= sehr: Adverb, kein Adjektiv)
3. (Wortarten, schwer): weil – obwohl – warum – nachdem (= warum: Adverb, keine Konjunktion)
4. (Wortarten, sehr schwer): mein – meiner – mir – mich (= mein: Possessivpronomen, kein Personalpronomen)
5. (Wortschatz, sehr einfach): Birne – Apfel – Gurke – Pfirsich (= Gurke: Gemüse, kein Obst)
6. (Wortschatz, schwer): schnell – rund – schön – laut (= rund: nicht steigerbar)
7. (Rechtschreibung, einfach): Gabe – Wahl – Aal – Bann (= Bann: kurzer [a]-Laut)
8. (Rechtschreibung, sehr schwer: Ein Wort ist falsch geschrieben):
   Ballett – Liechtenstein – Ortografie – Appell (= Ortografie statt Orthografie)

Weitere Hinweise:

Wortreihen benötigen wenig Zeit und können immer wieder eingeschoben werden. Die Schüler (auch in Kleingruppenarbeit) können solche Wortreihen auch selbst entwerfen; es kann daraus ein Gruppenwettbewerb gestaltet werden.

Als funktionale Variante zur Wortreihe kann auch die **Buchstabenreihe** bzw. die **Wortschlange** Verwendung finden (siehe Abschnitt 2.1), wenn die zu identifizierenden Wörter einer bestimmten Wortart oder einer bestimmten Schreibweise zugeordnet werden sollen (z. B.: Ermittle in der Schlange alle Wörter und ordne sie einer Wortart zu: PLEWITREISELUGHWIERTZUBÜNDELCHGUIHTLKPAIML – Lösung: *Nomen:* Reise, (+ Eis), Elch, Bünde(l); *Partikel:* wie; *Präpositionen:* zu, im

Kurzbeschreibung der Methode:

Die Methode ist verhältnismäßig variabel und zeitlich flexibel. Durch Wortketten kann der Wortschatz erweitert, aber auch das Wortartenwissen gefestigt werden.

Durchführung:

- Der Lehrer gibt die Art der Kette (siehe Beispiele) und das Anfangswort vor.
- Die Schüler setzen der Reihe nach die Kette fort. Die Wörter dürfen sich nicht wiederholen. Wer nicht weiterweiß, scheidet aus. Wenn die Kette unterbrochen ist, kann sie mit einem neuen Wort gestartet werden.
- Die Kette wird fortgesetzt, bis ein Gewinner feststeht.
- Festgelegt werden muss, wie mit „ß" zu verfahren ist (entweder „ss" oder „sz").

Beispiele:

1. alle Wörter (und Namen): Auto – Oskar – Reifen – Nuss – sehr – rufen – Nase – ehrlich – häufig – gehen – Narbe – Elvira – Arzt ...
2. nur Nomen (ohne Eigennamen): Auto – Ofen – Niete – Esel – Liebe – Ehe – Elch – Haus – Saal – Luft – Tugend – Dauer ...
3. nur Eigennamen: Oskar – Regensburg – Genua – Alte Welt – Tübingen – Nepal – Liechtenstein – Neuschwanstein – Nürnberg – Großer Wagen ...
4. nur Adjektive: schön – neu – ulkig – groß – sauer – reif – federleicht – trügerisch – hoffnungsfroh – heiter – richtig ...
5. nur Adverbien: besonders – sehr – rechts – samstags – sicherlich – hierzu – unterwegs – stets – sonst – trotzdem – mittendrin – niemals ...
6. nur „kleine Wörter" (Präpositionen, Konjunktionen und Pronomen): zu – unten – neben – nachdem – mit – trotzdem – mir ...

Weitere Hinweise:

Da Verben immer auf „-n" enden (bzw. auf -en, -ern und -eln) müsste die Wortkette hier abgewandelt werden: Verben werden mit dem letzten Buchstaben des Stamms fortgesetzt (also: gehen – heiraten – träumen – mahlen – lieben ...).

Wortreihen können bis in die Sekundarstufe II hinein gespielt werden, dann allerdings mit entsprechend anspruchsvollen Ketten, z. B. Schriftsteller (Grass – Segher – Rilke – Eichendorff – Fontane – Eich ...) oder Fachbegriffe der Textanalyse und -beschreibung (Zeugma – Anapher – Reim – Metapher – Redundanz – Zäsur ...)

Kurzbeschreibung der Methode:

Rechtschreibspiele helfen den Schülern, sich die Schreibung schwieriger Wörter einzuprägen. Je nach Spiel wird außerdem die Schreibung des Gebrauchswortschatzes verfestigt und/oder die Fantasie angeregt.

Durchführung:

- Der Lehrer erklärt das jeweilige Spiel.
- Die Schüler führen das Spiel (ggf. in Gruppen) durch.

Beispiele:

1. **Wort-Scrabble**: Die Schüler bekommen als Vorgabe ein möglichst langes und/oder schwieriges Wort, z. B. Liechtenstein. Die Schüler bilden (ggf. auch in Teams oder Gruppen) mit den Buchstaben dieses Wortes möglichst viele neue Wörter, z. B. leicht, Elch, Schein, (s)ein, Tenne, Ei, (es) eilt, ... Gewonnen hat der Schüler (die Gruppe), der (die) nach einer vorgegebenen Zeit die meisten Wörter gefunden hat.
2. **Galgenmännchen (Hangman)**: Die Zahl der Buchstaben eines Wortes wird durch Striche vorgegeben (z. B. _ _ _ _ _ _ _ _ _ _ _ _ _ _). Nun nennen die Schüler einen Buchstaben. Wenn der Buchstabe im Wort vorkommt, wird er an der passenden Stelle eingetragen (also z. B. der Buchstabe „e" bei „Liechtenstein": _ _ e _ _ _ e _ _ _ e _ _). Kommt der Buchstabe nicht vor, erfolgt ein Strich zu einer Zeichnung (statt eines Galgenmännchens wählt man vielleicht besser ein normales Strichmännchen mit Gesicht oder ein Haus mit Fenster und Tür). Die Schüler können jederzeit versuchen, das Wort zu erraten, wobei bei einem falschen Rateversuch ein weiterer Strich gezeichnet wird. Erraten die Schüler das Wort, bevor der Lehrer die Zeichnung fertiggestellt hat, haben sie gewonnen.

Weitere Hinweise:

Einen vergleichbaren Lerneffekt haben **Wortbilder**, die jedoch auf einem anderen Zugang basieren. Bei Wortbildern schreiben die Schüler ein Wort entweder so, dass die Bedeutung durch die Zeichnung hervorgehoben wird (siehe Beispiel), oder sie versehen das geschriebene Wort mit sinnadäquaten Verzierungen.

W
O
L
K
E N
K R A
T Z E R

Rechtschreibspiele (weitere lassen sich schnell über eine Internetabfrage finden) benötigen wenig Zeit und können jede Stunde (auch als Stundeneinstieg oder -abschluss) gelöst werden. Es ist auch möglich, die Schüler solche Rätsel selbst entwerfen bzw. vorbereiten zu lassen. So könnten jede Stunde ein oder zwei Schüler bestimmt werden, die für die nächste Stunde ein kleines Rechtschreibspiel (als Varianten der Beispiele) entwerfen; dies ist auch in Partner- oder Kleingruppenarbeit möglich und sinnvoll.

Kurzbeschreibung der Methode:

Mit einem Buchstabierwettbewerb soll der Ehrgeiz der Schüler im Bereich der Rechtschreibung geweckt werden, sodass sich in der Folge auch bessere Rechtschreibleistungen einstellen.

Lostöpfe, Wortzettel

Durchführung:

- Der Lehrer teilt Gruppen gleicher Größe ein (wenn das nicht möglich ist, müssen in den kleineren Gruppen Schüler zweimal buchstabieren) und erklärt die Regeln.
- Aus vorbereiteten Lostöpfen, die jeweils Wörter etwa des gleichen Schwierigkeitsgrades enthalten, zieht der Lehrer einen Zettel. Das auf diesem Zettel stehende Wort muss von einem Schüler der ersten Gruppe buchstabiert werden.
- Für die Bewertung der Buchstabierleistung gibt es mehrere Varianten. Am einfachsten ist es, wenn man den Wörtern in den verschiedenen Lostöpfen je nach Schwierigkeitsgrad eine Punktezahl zuweist (also z. B. 2-Punkte- bis 5-Punkte-Wörter) und dann pro Buchstabierfehler einen Punkt abzieht (das bedeutet, dass die Wörter eines Topfes nicht unbedingt dieselbe Buchstabenzahl haben müssen).
- Nun bekommt der erste Schüler der zweiten Gruppe aus demselben Topf ein Wort, das er buchstabiert usw.
- Hat jede Gruppe ein Wort aus dem ersten Lostopf buchstabiert, kommt der nächste Lostopf an die Reihe usw.
- Gewonnen hat am Ende die Gruppe mit den wenigsten Buchstabierfehlern/ den meisten Punkten (und ist damit z. B. einmal von den Hausaufgaben im Fach Deutsch befreit).

Weitere Hinweise:

Bei der Gruppeneinteilung ist darauf zu achten, dass alle Gruppen möglichst gleich stark besetzt sind. Wer aus der Gruppe wann buchstabiert, liegt in der Verantwortung des Teams. Als Variante könnte jede Gruppe einen Schüler bestimmen, der zweimal buchstabieren (oder auch – gleichsam als Joker – ein- oder zweimal helfen) darf.

Um den Wettbewerb möglichst lange spannend zu halten, sollte man mit vergleichsweise einfachen Wörtern beginnen. Aus Zeitgründen kann sich der Wettbewerb auch über mehrere Stunden verteilen (z. B. wird zu Beginn jeder Stunde nur ein Durchgang durchgeführt).

Vergleichbar den in den USA recht populäreren „spelling bees" findet seit einigen Jahren auch in Deutschland ein unter der Schirmherrschaft des Vereins Deutsche Sprache e.V. (VDS) stehender Wettbewerb statt (Infos unter www.buchstabierwettbewerb.de), an dem auch Schüler der Oberstufe teilnehmen können, was zeigt, dass diese Methode nicht auf die Sekundarstufe I beschränkt bleiben muss.

Kurzbeschreibung der Methode:

Durch ein Wörterbuchquiz lernen die Schüler nicht nur, wie informationsreich ein Wörterbuch ist, sondern werden auch versierter im Umgang mit ihm. Zumindest indirekt wird außerdem die Rechtschreibkompetenz an sich gefördert.

Stoppuhr, Wörterbücher (idealerweise das gleiche) für alle Schüler

Durchführung:

- Der Lehrer teilt Gruppen gleicher Größe ein (z.B. Gruppe A bis Gruppe F), erklärt die Regeln des Quiz und gibt Beispiele.
- In den Gruppen werden Fragen bzw. Suchaufträge (samt Lösungen) vorbereitet (z.B. je Schüler eine Frage).
- Sind die Fragen vorbereitet, beginnt das Quiz. Gruppe A stellt Gruppe B eine Frage, danach Gruppe B der Gruppe C usw. Ist eine Frage gestellt, wird die Zeit gestoppt, die eine Gruppe (entweder sucht jeder Schüler oder je Runde wird ein anderer Schüler bestimmt, der sucht) braucht, um die Frage richtig zu beantworten.
- Die Gruppe, die insgesamt am wenigsten Zeit benötigt hat, hat gewonnen (und ist damit z.B. einmal von den Hausaufgaben im Fach Deutsch befreit).

Beispiele:

1. Wie heißt der Genitiv von „Quiz"? (Antwort: Es gibt keine Deklinationsform.)
2. Was ist ein „Zeugma"? (Antwort: eine rhetorische Figur)
3. Wofür steht die Abkürzung „B.A."? (Antwort: Bachelor of Arts)
4. Aus welcher Sprache stammt das Wort „Kalme"? (Antwort: aus dem Französischen)
5. Welche Angabe zum Wortgebrauch enthält das Wort „Konzession" (Antwort: geh., d.h es ist dem gehobenen Wortschatz zuzurechnen)
6. In welcher Wissenschaft ist das Wort „Epenthese" gebräuchlich? (Antwort: Sprachwissenschaft)
7. Was bedeutet das Wort „Synözie"? (Antwort: das Zusammenleben verschiedener Organismen)
8. Welche Pluralformen hat das Wort „Komma"? (Antwort: Kommata und Kommas)

Weitere Hinweise:

Bei der Gruppeneinteilung ist darauf zu achten, dass alle Gruppen möglichst gleich stark besetzt sind.

Die Gruppen könnten verpflichtet werden, Fragen zu jeweils unterschiedlichen bzw. auch zu bestimmten Bereichen (z.B. wenn man etwa Fremdwortschreibung behandelt, zu Fremdwörtern) zu suchen.

Kurzbeschreibung der Methode:

Wortbildungsspiele helfen den Schülern dabei, sich die wichtigsten Wortbildungselemente (Prä- und Suffixe) sowie die Bildungsverfahren selbst einzuprägen. Zumindest indirekt wird außerdem die Rechtschreibkompetenz gefördert.

Durchführung:

- Der Lehrer erklärt das jeweilige Spiel bzw. die Aufgabe.
- Die Schüler führen das Spiel (ggf. in Gruppen) durch.

Beispiele:

1. Bildung von „Endloswörtern" (als Beispiel für Wortzusammensetzung), z. B.: Hauptbahnhofsuhrzeigerdrehschraubenscharniervorrichtungsreparaturgeschäft, Fahrradspeichenhalterungsschraubenölfläschchenverschlusskappenherstellerverband.
2. Familienzusammenführung: Schülergruppen erhalten jeweils 4 x 6 Wörter (Zahl je nach Klassenstufe veränderbar, also auch z. B. 3 x 4 oder 6 x 8 Wörter), die sie möglichst schnell dem gemeinsamen Wortstamm zuordnen sollen (siehe Beispiel); die schnellste Gruppe hat gewonnen.

sag-	**fahr-/fuhr-**	**steh-/stand-**	**wieg-/wäg-/wog-**
Sage, Vorhersage, sagenhaft, unsäglich, unsagbar, sagte	gefahren, Fahrbahn, Fähre, Fuhrpark, Abfuhr, Zufahrt	stünde, Stand, Bestand, Stehplatz, beistehen, Vorstand	wiegen, wog, abwägen, Wiege, abwiegen, Erwägung

3. Ableitungswettkampf I: Die Schüler bekommen Tabellen mit Ableitungsmorphemen (z. B.: -bar, -sam, -haft, -lich, -ig, -isch, -los für Adjektive oder -heit, -keit, -ung, -nis, -er, -in für Nomen), für die sie möglichst schnell ein oder mehre Beispiele finden müssen. Ist die vorgegebene Zeit abgelaufen oder ruft ein Schüler (oder eine Gruppe) „Halt", wird für jeden richtigen Eintrag ein Punkt vergeben. Selbstverständlich kann der „Wettkampf" auch mit Präfixen (ab-, aus-, zu-, vor- usw.) gespielt werden.
4. Ableitungswettkampf II: Zu einem ergiebigen Wortstamm bilden die Schüler mithilfe von Prä- und Suffixen möglichst lange Wörter (pro Prä- bzw. Suffix ein Punkt), z. B.: Un-vor-her-<u>sag</u>-bar-keit, Be-<u>deut</u>-ungs-los-ig-keit-en, Un-ver-ant-<u>wort</u>-lich-keit

Weitere Hinweise:

Wortbildungsspiele nehmen nur wenig Zeit in Anspruch und können auch als Stundeneinstieg oder -abschluss gelöst werden. Die Schüler könnten solche Spiele auch selbst entwerfen bzw. vorbereiten (als Varianten der Beispiele); dies ist auch in Partner- oder Kleingruppenarbeit möglich und sinnvoll.

Kurzbeschreibung der Methode:

Die Methode der Fantasiesprache basiert auf dem Prinzip der Verfremdung, das auf nahezu alle Sprachbereiche übertragbar ist und davon ausgeht, dass durch Verfremdung isolierte Phänomene leichter erfasst werden.

Durchführung:

- Der Lehrer kann entweder Wörter oder Sätze der Fantasiesprache vorgeben oder von den Schülern nach einem vorgegebenen Muster erfinden lassen.
- Anhand der Beispiele werden verschiedene Sprachphänomene erprobt und beschrieben.

Beispiele:

1. Mustersatz: Ich schenke dem Mann ein Buch. → Fantasiesprache: Irk fenke dom Munn ün Saul. – Der „Satz" kann nun z. B. ins Präteritum oder Perfekt gesetzt werden (also: Irk fenkte dom Munn ün Saul. Irk habe dom Munn ün Saul gefenkt.); anschließend werden anhand des Fantasiesatzes die Tempuskennzeichen besprochen. Oder der Satz wird ins Passiv gesetzt (also: Dom Munn wird ün Saul gefenkt.); wieder wird beschrieben, was geschieht.
2. Mustersatz: Es war ein schöneres Fest als letztes Jahr. → Fantasiesprache: El wühr öln reiperes Gapp alm nürkes Gaal. – Die Schüler versuchen z. B., die Wortarten zu bestimmen, zu denen die Fantasiewörter gehören. Oder die Schüler bilden die Steigerungsformen zu „nürkes" (bzw. die Grundform von „reiperes"). Der Beispielsatz eignet sich aber auch zur Besprechung von Rechtschreibphänomen (z. B. Welche Wörter werden mit langem Vokal gesprochen? Warum?).

Weitere Hinweise:

In der Phonologie werden solche Fantasiewörter als Logatome bezeichnet; es handelt sich bei Logatomen um Lautfolgen, die in einer bestimmten Sprache theoretisch möglich gewesen wären, aber nicht vorkommen. Logatome lassen sich einfach ermitteln, indem man einen bestimmten Silbenbau zugrunde legt (vgl. das Beispiel rechts) und prüft, welche Möglichkeiten realisiert sind (im Falle des Beispiels wären also „bro", „drau" usw. Logatome). Es wird hier auch deutlich, warum sich Logatome grammatisch (morphologisch) wie existierende Wörter verhalten.

	au	ei	o	…
br	brau'	Brei	X	
dr	X	drei	droh'	
fr	Frau	frei	froh	
gr	grau	X	X	
kr	X	X	X	
pr	X	X	X	
tr	trau'	X	X	
…				

Kurzbeschreibung der Methode:

Die Methode basiert auf dem Prinzip der Verfremdung (siehe dazu auch Abschnitt 4.8), wird hier aber auf Texte bezogen. Gefördert werden soll das Stilgefühl der Schüler; zugleich wird Wissen über Sprachebenen und verschiedene sprachliche Varietäten aufgebaut.

Durchführung:

- Der Lehrer gibt den Schülern eine Textvorgabe: Es eignen sich entweder Anfänge von bereits verfremdeten Texten, die dann von den Schülern fortgesetzt werden, oder bekannte bzw. schon besprochene nicht verfremdete Texte (z. B. Märchen, Parabel, Kurzgeschichte), die die Schüler dann nach Vorgabe verfremden.
- Die Schüler bearbeiten den Text (in Gruppen).
- Die Texte werden in der Klasse vorgelesen und besprochen (mit Blick auf die Frage, ob die Sprachebene bzw. Varietät überall richtig umgesetzt wurde). In der Klasse können ggf. auch Verbesserungsvorschläge gemacht werden.

Beispiele:

1. Ausgangstext wird in den heimischen Dialekt übertragen.
2. Ausgangstext wird in die Jugendsprache oder die mündliche Umgangssprache übertragen.
3. Ausgangstext wird in einen ausgeprägten Nominalstil übertragen („Beamtendeutsch": viele Nominalisierungen, Nominalkomposita, mehrgradige Attribute, Passivkonstruktionen bzw. unpersönliche Konstruktionen).
4. Ausgangstext wird parataktisch und/oder hypotaktisch erzählt (d. h. einmal nur mit möglichst kurzen Hauptsätzen, das andere Mal mit möglichst wenigen komplexen Satzgefügen).
5. Ausgangstext wird in einen Fremdworttext übertragen (d. h. möglichst viele Wörter des Ausgangstextes werden durch Fremdwörter ersetzt).

Weitere Hinweise:

Populär geworden ist dieses Verfahren nicht zuletzt durch das Buch „Stilübungen" von Raymond Queneau (Frankfurt/Main: Suhrkamp 1961), in dem er eine Grundgeschichte in über 60 Variationen wiedergibt. Mithilfe des Queneau-Bändchens kann so auch die Beispielliste leicht erweitert werden. Empfehlenswert ist – mit Blick auf Dialekte – auch das Reclam-Bändchen „Max und Moritz in neun Dialekten" von Manfred Görlach. Es lassen sich außerdem über das Internet leicht Märchenvariationen finden.

Kurzbeschreibung der Methode:

Ziel ist es, grammatisches Wissen zu vertiefen, das Sprachbewusstsein der Schüler zu stärken und den Unterschied zwischen normativer Grammatik (d. h. die Grammatik gibt, wie meist in der Schule, vor, was richtig ist) und deskriptiver Grammatik (d. h. die Grammatik beschreibt die tatsächliche Sprachverwendung) zu verdeutlichen.

Durchführung:

- UE: Der Lehrer konfrontiert die Schüler mit Beispielen, die beschrieben, diskutiert und ggf. verbessert werden. Die Umfrage wird vorbereitet: Ein Blatt mit Beispielen wird erstellt und kopiert, Zweier- oder Dreiergruppen werden eingeteilt.
- UE: In Gruppen ziehen die Schüler los und befragen Passanten, ob ihnen die Beispiele grammatisch akzeptabel vorkommen oder nicht.
- UE: Das Ergebnis wird statistisch erfasst (ggf. auch fächerübergreifend mit Mathematik/Informatik).
- In einer weiteren Unterrichtstunde kann exemplarisch geprüft werden, wie bestimmte Fälle in Grammatiken (z. B. in einer Schulgrammatik und/oder der Duden-Grammatik) beschrieben werden.

Beispiele (aktuelle Tendenzen der Gegenwartssprache):

1. Anglizismen (Er hat den Text gedownloadet. Er downloadete den Text.)
2. Ausgliederung (Sicher: er hat Recht.)
3. Adjektivierung von Adverbien (die schrittweise Zunahme des Wachstums)
4. „rheinische Verlaufsform" (Ich bin gerade am Nachdenken.)
5. haben + Partizip II als Resultativ (Das Geschäft hat geöffnet.)
6. Perfekt mit haben (Ich habe das schon gemacht gehabt.)
7. tun + Infinitiv (Wir tun das später noch überlegen.)
8. Possessivausdrücke (als Ersatz des morphologischen Kasus) (das Fahrrad von meinem Bruder)
9. Formenschwund bei den schwachen Maskulina (dem Bär, den Präsident)
10. Formenschwund beim attributiven Adjektiv (Wir gehen ein lecker Eis essen.)
11. schwache Konjugation bei starken Verben (Les! Ess! er schwörte, sie ratet)
12. Auflösung der Nebensatzwortstellung (Michaela ist gegangen, weil sie hatte keine Lust mehr.)
13. Vertauschung von Konjunktionen bzw. Lockerung ihrer Kollokationen (Es geht nicht um die Vergangenheit, aber darum, das Vertrauen wieder zu gewinnen.)
14. Komparation mit mehr (Die Schüler sind heute mehr interessiert als früher.)
15. lexikalischer Typ X machen (Protest machen, Party machen)
16. sone als Indefinitpronomen (sone Idioten)
17. Zunahme des Pluralmorphems -s (Kommas, Jungens, Kumpels)

Kurzbeschreibung der Methode:

Bei der Gruppenarbeit arbeiten in der Regel drei bis sechs Schüler an einer Aufgabe. Ziel der Gruppenarbeit ist darüber hinaus die Schulung der sozialen Kompetenzen der Schüler.

Durchführung:

- Der Lehrer bestimmt die Gruppenzusammensetzung und definiert Aufgabe und Ziel (z. B. ein Kurzreferat oder Präsentation, ein Thesenpapier, ...) sowie den Zeitrahmen der Gruppenarbeit.
- Die Schüler arbeiten gemeinsam in ihren Gruppen. Der Lehrer geht von Gruppe zu Gruppe und greift ggf. unterstützend ein.
- Nach Abschluss der Gruppenarbeit werden die Ergebnisse präsentiert und eventuell die Gruppenarbeit bewertet (siehe unten).

Weitere Hinweise:

Gruppenarbeit lässt sich für differenzierendes Lernen einsetzen, indem Schüler mit vergleichbaren Fähigkeiten bzw. Kenntnissen eine Gruppe bilden; dadurch können lernstärkere Schüler etwa weiterführende Zusatzaufgaben bearbeiten, lernschwächere Schüler Lern- oder Wiederholungsaufgaben. Gruppenarbeit lässt sich aber auch so einsetzen, dass die Gruppen aus lernschwächeren und lernstärkeren Schülern gebildet werden; die lernstärkeren Schüler sollten dann dazu angehalten werden, den lernschwächeren ggf. zu helfen bzw. sie zu unterstützen.

Insbesondere in neuen Klassen kann es sinnvoll sein, die Gruppenarbeit (ihren Verlauf) durch die Schüler auch bewerten zu lassen. Hierbei hat sich folgender Fragenkatalog bewährt (die Schüler vergeben für jede der Fragen eine Note; je besser der Notenschnitt, desto gelungener die Gruppenarbeit):

1. Wie habe ich mich in der Gruppe bzw. bei der Arbeit gefühlt?
2. Haben sich alle gut in die Gruppe eingebracht?
3. Haben wir uns gegenseitig unterstützt?
4. Haben wir uns an die Gesprächsregeln gehalten?
5. Wie war meine persönliche Beteiligung an der Gruppenarbeit?
6. Wie hat die Gruppe insgesamt gearbeitet (zielstrebig – nicht sehr zielstrebig)?
7. Haben wir uns an die Vorgaben des Lehrers gehalten?
8. Haben wir die Teilarbeiten sinnvoll untereinander aufgeteilt?
9. Bin ich persönlich mit dem Ergebnis der Gruppenarbeit zufrieden?
10. Haben wir unsere Arbeitsergebnisse verständlich und inhaltlich korrekt vorgestellt?

Kurzbeschreibung der Methode:

Beim Gruppenpuzzle handelt es sich um eine Sonderform der Gruppenarbeit. Mithilfe dieser Arbeitsform lassen sich vergleichsweise schnell viele Informationen für eine Großgruppe verfügbar machen.

Durchführung:

- Der Lehrer unterteilt ein Thema in mehrere Teilthemen bzw. bestimmt mehrere Teilaufgaben (zum Beispiel: Gedichtvergleich, bearbeitet werden die Gedichte A, B, C und D).
- Es werden Stammgruppen gebildet. In der Stammgruppe wird bestimmt, wer welches Teilthema bzw. welche Teilaufgabe bearbeitet.
- Die Experten sind diejenigen, die aus den Stammgruppen dieselben Teilthemen bzw. -aufgaben bearbeiten; diese Experten bilden Expertengruppen.
- In den Expertengruppen werden die Materialien besprochen bzw. die Teilaufgaben erledigt und so aufbereitet, dass die Experten anschließend ihre Stammgruppe in knapper, verständlicher Form informieren können.
- In den Stammgruppen erfolgen zunächst die Präsentationen der in den Expertengruppen erarbeiteten Ergebnisse. Anschließend wird ggf. die übergeordnete Aufgabe (also in unserem Beispiel der eigentliche Gedichtvergleich) bearbeitet.

Stammgruppen	Expertengruppen	Stammgruppen
S(chüler) 1 bearbeitet (Gedicht) A – S 2 B – S 3 C – S 4 D	(Gedicht) A: S 1 – S 5 – S 9	S 1 A – S 2 B – S 3 C – S 4 D
S 5 A – S 6 B – S 7 C – S 8 D	(Gedicht) B: S 2 – S 6 – S 10	S 5 A – S 6 B – S 7 C – S 8 D
S 9 A – S 10 B – S 11 C – S 12 D	(Gedicht) C: S 3 – S 7 – S 11	S 9 A – S 10 B – S 11 C – S 12 D
	(Gedicht) D: S 4 – S 8 – S 12	

Weitere Hinweise:

Neben Textvergleichen bietet sich das Gruppenpuzzle vor allem bei komplexeren Rechercheaufträgen an. Dabei können nicht nur Teilthemen bestimmt werden, sondern den Expertengruppen auch bestimmte Informationsquellen (Internet, Bibliothek, Expertenbefragung, Buchhandel, ...) zugewiesen werden.

5.3 Schreibgespräch

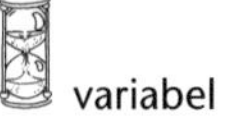
variabel

ab Kl. 8

Kurzbeschreibung der Methode:

Schreibgespräche zielen auf die Verbindung der Vorteile von mündlichen (erfolgen spontan) und schriftlichen (haben Bestand) Äußerungen. Schreibgespräche finden stets stumm statt. Die Methode eignet sich dabei besonders gut als Einstieg in neue Themen.

ein großer Papierbogen (Plakatgröße, mindestens DIN A0)

Durchführung:

- Der Lehrer legt ein großes Plakat aus, auf dem verschiedene Fragen, Aussagen oder Bildimpulse verteilt sind.
- Die Schüler gehen um das Plakat herum und schreiben, wenn sie möchten, einen Kommentar zu den Impulsen. Es können auch Fragen zum Thema notiert werden.
- Zu den Schülerkommentaren oder -fragen können erneut Kommentare oder Fragen notiert werden. Dies kann bis zum Ende einer vorher festgesetzten Frist dauern oder so lange, bis der Schreibfluss abbricht.
- Die Schüler bekommen nun noch einmal etwas Zeit, um sich das Ergebnis des „Gesprächs" anzusehen.
- In der Klasse kann dann das „Gespräch" mündlich fortgesetzt und insbesondere Fragen beantwortet werden.

Weitere Hinweise:

Die Methode Schreibgespräch kann leicht nach verschiedenen Einsatzbereichen variiert werden: So muss nicht die ganze Klasse in ein „Gespräch" einbezogen werden, sondern ein Schreibgespräch kann auch in Gruppen oder – etwa zur Streitschlichtung – in Partnerarbeit durchgeführt werden. Inhaltlich können sich Schreibgespräche z. B. auch auf literarische Texte (man schreibt zum Beispiel zu einem Gedicht) beziehen oder zur Meinungsfindungen in Diskussionen eingesetzt werden.

Wird das Schreibgespräch als Themeneinstieg benutzt, kann es sinnvoll sein, den Papierbogen aufzubewahren und nach der Bearbeitung des Themas ggf. erneut zur Diskussion zu stellen bzw. das Schreibgespräch fortsetzen zu lassen.

5.4 Kugellager

Kurzbeschreibung der Methode:

Vielfältig einsetzbare Methode, die dem Austausch von Wissen, Kompetenzen oder Meinungen dient. Ein Kugellager schult die Fähigkeit zur Darstellung der eigenen Position und das eigene Reflexionsvermögen.

Durchführung:

- Der Lehrer nimmt die Gruppeneinteilung (pro Kugellager zwei gleich große Gruppen) vor und bestimmt das Thema bzw. den Gesprächsauftrag sowie die zeitliche Gestaltung des Kugellagers.
- Eine Gruppe bildet einen Außenkreis, eine einen Innenkreis; die Gruppen stellen (oder setzen) sich dabei so, dass alle Gruppenmitglieder der Innen- einem Mitglied der Außengruppe gegenüberstehen. Die so zusammengekommenen Gesprächspartner tauschen sich untereinander aus.
- Ist die vorgegebene Gesprächszeit beendet (bzw. auf ein Zeichen des Lehrers), rücken die Teilnehmer des Außenkreises mindestens einen Platz weiter, sodass neue Gesprächspaare entstehen. Dies wird so oft wiederholt, bis jeder der Innengruppe mit jedem der Außengruppe gesprochen hat.

Weitere Hinweise:

Kugellager sind z. B. einsetzbar, wenn Argumente gefunden bzw. gesammelt werden sollen (etwa bei einer Erörterung), um sich anhand konkreter Materialien über verschiedene Inhalte (von der Verständigung über einfache Textaussagen bis hin zur Diskussion von Interpretationsansätzen zu literarischen Texten) auszutauschen oder um Lösungsansätze bzw. Vorgehensweisen („Wie machst du das, wie gehst du vor?") zu besprechen.

Das Kugellager kann zum Austausch der Ergebnisse von Gruppenarbeiten angewandt werden, indem jedes Mitglied einer Gruppe alle anderen Mitglieder der anderen Gruppe in Form eines Kurzvortrags über seine Arbeitsergebnisse in Kenntnis setzt. Jeder Teilnehmer an einem solchen Kugellager hätte dann mehrere Kurzvorträge gehalten und gehört.

5.5 Expertenpuzzle

Kurzbeschreibung der Methode:

Beim Expertenpuzzle handelt es sich um eine Sonderform der Gruppenarbeit sowie des Gruppenpuzzles. Nach dem Prinzip des Lernens durch Lehren ist es das Ziel der Methode, aus unterschiedlichen Perspektiven Wissen einzuholen, um es dann auszutauschen bzw. es zu (auszu)werten.

Durchführung:

- Der Lehrer bestimmt die Zusammensetzung der Ausgangsgruppen sowie die Arbeitsaufträge für die verschiedenen Gruppen (z. B. jeweils die Analyse eines Textes A, B, C und D).
- In den Ausgangsgruppen wird der Arbeitsauftrag bearbeitet. Alle Gruppenmitglieder halten die Arbeitsergebnisse in Form von Stichworten (für einen Kurzvortrag fest).
- Die Ausgangsgruppen verteilen sich so zu einem Expertenpuzzle (siehe schematische Darstellung), dass sich in allen neu zu bildenden Gruppen genau ein Mitglied aus jeder Ausgangsgruppe befindet.
- Innerhalb der Expertengruppen präsentieren alle Schüler die Arbeitsergebnisse aus ihrer Ausgangsgruppe (also z. B. die Ergebnisse aus der Analyse der verschiedenen Texte A, B, C und D).
- Innerhalb der Expertengruppen wird anschließend ggf. der übergeordnete Arbeitsauftrag bearbeitet (z. B. ein Textvergleich).
- Im Plenum können die Ergebnisse der Expertengruppen verglichen und der übergeordnete Arbeitsauftrag unter einer (vom Lehrer eingebrachten) weiterführenden Fragestellung auf der Grundlage der neuen Kenntnisse vertieft, diskutiert oder vernetzt werden.

Ausgangsgruppen	**Expertenpuzzle**	**Plenum**
Thema A: S 1 – S 2 – S 3 – S 4	S 1 – S 5 – S 9 – S 13	S 1 S 2 S 3 S 4 S 5 S 6 S 7 S 8 S 9 S 10 S 11 S 12 S 13 S 14 S 15 S 16
Thema B: S 5 – S 6 – S 7 – S 8	S 2 – S 6 – S 10 – S 14	
Thema C: S 9 – S 10 – S 11 – S 12	S 3 – S 7 – S 11 – S 15	
Thema D: S 13 – S 14 – S 15 – S 16	S 4 – S 8 – S 12 – S 16	

Kurzbeschreibung der Methode:

Durch die Methode der Lernspirale muss man sich in immer neuen Situationen mit einem Stoff auseinandersetzen und vertieft so das Verständnis. Geschult werden außerdem das (kritische) Reflexionsvermögen sowie die Fähigkeit, seinen eigenen Standpunkt ggf. zu behaupten.

Durchführung:

- Der Lehrer gibt ein hinlänglich komplexes Thema vor (z. B. Analyse eines Sach- oder literarischen Textes) und bestimmt den Zeitrahmen.
- Die Schüler bearbeiten die Aufgabenstellung zunächst in Einzel-, dann in Partner- und schließlich in Gruppenarbeit.
- Im Plenum erfolgt eine abschließende inhaltliche Besprechung sowie ggf. eine Bewertung der Arbeitsform.

Einzel-arbeit ☺	Einzel-arbeit ☺	Einzel-arbeit ☺	Einzel-arbeit ☺	Einzel-arbeit ☺	Einzel-arbeit ☺	Einzel-arbeit ☺	Einzel-arbeit ☺

Partnerarbeit ☺ ☺	Partnerarbeit ☺ ☺	Partnerarbeit ☺ ☺	Partnerarbeit ☺ ☺

Gruppenarbeit: ☺ ☺ ☺ ☺	Gruppenarbeit: ☺ ☺ ☺ ☺

Plenum: ☺ ☺ ☺ ☺ ☺ ☺ ☺ ☺

Weitere Hinweise:

Eine Lernspirale ist relativ zeitaufwendig und bietet sich vor allem für anspruchsvolle und komplexe Themenstellungen an.

Siehe zur Phase der Gruppenarbeit die Hinweise in Abschnitt 5.1.

Kurzbeschreibung der Methode:

Projektarbeit ist eine Form des selbstständigen Lernens, bei der die Schüler nicht nur die Verantwortung für ihr Lernen und ihre Arbeit übernehmen, sondern auch besonders gut ihre eigenen Interessen und Fähigkeiten einbringen können.

Durchführung:

- In Projektgruppen wird die Projektidee entwickelt, wobei der Lehrer das Rahmenthema (bzw. das übergeordnete Thema, z. B. ein Genre wie Liebeslyrik, eine Epoche, ein Themenfeld wie Literaturverfilmung oder Neue Medien, ...) sowie ggf. Materialien vorgibt.
- Die Schüler verschaffen sich in einem ersten Schritt einen Überblick über das Thema, formulieren ihre Fragen an das Thema und legen Teilthemen fest (und grenzen damit bestimmte Untersuchungsaspekte ein).
- Die Schüler planen in einem zweiten Schritt die Projektarbeit: Projektziel bestimmen, Zeitplan und Arbeitsaufgaben festlegen sowie ggf. die Präsentationsform bestimmen.
- Die Schüler erarbeiten in einem dritten Schritt ihr Projekt, d. h. sie führen die Aufgaben, die sie sich selbst gestellt haben, aus.
- Die Schüler erarbeiten in einem vierten Schritt eine angemessene Präsentationsform (Visualisierung, Portfolio, Referate, ...) für ihre Arbeitsergebnisse.
- Nach der Präsentation erfolgt in der Klasse die Auswertung: Thema (Passt der Inhalt zum Rahmenthema?), Inhalt (Korrektheit? Vollständige Bearbeitung? Lücken?), Präsentation (Verständlichkeit und Anschaulichkeit? Beteiligung der einzelnen Mitglieder an der Präsentation? Medien funktional eingesetzt?).

Weitere Hinweise:

Die Entwicklung von Projektideen kann auch gemeinsam in der Klasse erfolgen; den Schülern kann dann mehr Freiheit, sich für eine bestimmte Projektgruppe zu entscheiden, eingeräumt werden.

Erstreckt sich eine Projektarbeit über einen längeren Zeitraum, könnten die Ergebnisse auch halb öffentlich (z. B. in den Parallelklassen und/oder vor der Elternschaft) präsentiert werden.

Kurzbeschreibung der Methode:

Die Methode zielt auf ein Lernen durch Visualisierung in Netzarchitektur. Ziel ist es, bei komplexen Themen Zusammenhänge aufzudecken und sichtbar zu machen. Die Schüler lernen hierbei nicht nur, komplexe Zusammenhänge zu erfassen, sondern auch, sich auf das Wesentliche zu konzentrieren.

Durchführung:

- Die Schüler erarbeiten – etwa in Gruppen oder Projektteams – ein hinlänglich komplexes Thema.
- Arbeitsteilig werden Materialien (Infotexte, Zitate, Schaubilder, Zeichnungen, Videos, Interviews, ...) zu den verschiedenen Teilthemen erstellt.
- Die erstellten Materialien werden in sinnvolle Zusammenhänge gebracht, wobei die Schüler immer mehrere Varianten erproben sollten.
- Die Bezüge zwischen den Materialien werden (z. B. durch Pfeile, Verbindungslinien oder, wie bei Hypertexten im Internet, durch Links) verdeutlicht.
- Bei der Vorstellung der Präsentation erläutern die Schüler die Bezüge zwischen ihren Materialien und begründen deren Anordnung.

Weitere Hinweise:

Voraussetzung für das arbeitsteilige Erstellen von Materialien ist, dass die Schüler bereits eine erste Vorstellung von den Zusammenhängen innerhalb des Themas entwickelt haben; dies kann dadurch geschehen, dass sie noch vor der Ausarbeitung der Materialien die abschließenden Präsentationsposter skizzieren.

Die Verschiedenheit der gewählten Materialien darf kein Selbstzweck sein: Einerseits soll die abschließende Visualisierung zwar auch abwechslungsreich sein, vor allem aber muss sie funktional angemessen sein, d. h. dass sich die Schüler immer fragen müssen, was sie wie am besten vermitteln können.

Kurzbeschreibung der Methode:

Mithilfe von Lern- bzw. Arbeitskarten ist ein schülerorientiertes und individualisiertes Lernen möglich. Neben der eigentlichen Stoffwiederholung und -verfestigung wird die Selbstständigkeit der Schüler gefördert.

Karteikarten, Karteikartenkasten

Durchführung:

- Der Lehrer regt das Lernen mit Karteikarten an, erläutert das Arbeitsprinzip und gibt die Inhalte der Karteikarten vor.
- Lernkarteien werden am besten nach dem 5-Fächer-Prinzip bearbeitet.
  - Zu Lerninhalten werden Karteikarten angelegt (Vorderseite als Frage, Rückseite als Antwort) und in das vorderste Fach abgelegt.
  - Wurde eine Karteikarte erfolgreich bearbeitet, kommt sie ins zweite Fach, nach erneuter erfolgreicher Bearbeitung ins dritte Fach usw.
  - Das erste Fach wird täglich oder zumindest mehrfach wöchentlich bearbeitet, die nachfolgenden Fächer in immer größeren Zeitabständen (z. B. das zweite Fach einmal die Woche, das dritte Fach alle zwei Wochen, das vierte Fach alle vier Wochen und das fünfte Fach alle sechs Wochen). Nicht erfolgreich bearbeitete Karten kommen wieder zurück ins erste Fach.
- Die Schüler erweitern nach der Vorgabe des Lehrers ggf. selbstständig den Karteikartenbestand (z. B. infolge von Fehlern bzw. erkannter Wissenslücken).

Beispiele:

1. Grundwortschatz und dessen Schreibung (z. B. Vorderseite: Welche Schreibung der drei Schreibweisen a, b oder c ist richtig? Was bedeutet das Wort X? Wie heißt das Gegenteil von Y? Usw. – Rückseite kann neben der Antwort auch weitere Informationen enthalten, etwa bei der Rechtschreibung auch stammverwandte Wörter bzw. Ableitungen)
2. Rechtschreib- und Zeichensetzungsregeln (z. B. Was gilt für die Schreibung von einem Verb mit den Verben „lassen" und „bleiben"? Der erweiterte Infinitiv mit „zu" wird vom Satz mit Komma abgetrennt, wenn ...?)
3. Grammatische Strukturen (z. B. Wortarten, Nebensatzarten, unregelmäßige Verben, Gebrauch der Modi, ...)
4. Literarisches Wissen zu Autoren, Epochen und Gattungen (z. B. Wichtige Romane Fontanes? Hauptmotive des Barock? Merkmale von Novellen?)

Weitere Hinweise:

Außer Frage- und Antwortkarten im engeren Sinne können auch andere Materialien (wie Arbeitsblätter, Exzerpte, Schaubilder usw.) Verwendung finden.

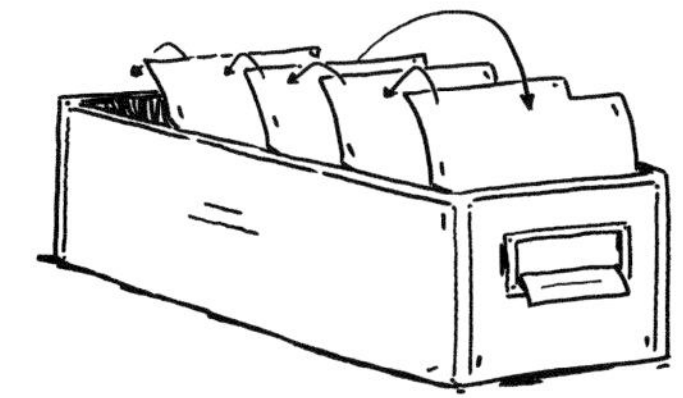

Zahlreiche Verlage bieten vom Schreibunterricht in der Primarstufe bis zur Lernbox für das Deutsch-Abitur vorbereitete Materialien an.

Kurzbeschreibung der Methode:

Die Idee der Schreibwerkstatt geht zurück auf die Schreibbewegung der 1970er Jahre. Durch den regelmäßigen Austausch von Schreiberfahrungen und der gemeinsamen Diskussion des Geschriebenen kann nicht nur bereits Geschriebenes verbessert, sondern es können auch neue Schreibimpulse gewonnen sowie Schreibhemmungen abgebaut werden.

Durchführung:

- Gegebenenfalls vom Lehrer angeregt, finden sich Schüler zu Schreibwerkstätten zusammen bzw. schließen sich bestehenden Werkstätten an.
- In regelmäßigen Zeitabständen (etwa einmal wöchentlich) treffen sich die Mitglieder der Schreibwerkstatt zum Austausch. Möglich ist unter anderem:
  - einzelne Mitglieder lesen Texte vor und stellen sie zur Diskussion
  - die Mitglieder sprechen über ihre Schreiberfahrungen
  - die Mitglieder stellen konkrete Fragen oder Bitten (z. B. zu einzelnen Formulierungen, zum Plot, zur Figurenkonzeption) und arbeiten in der Folge gemeinsam an einem Text
  - die Mitglieder diskutieren Texte anderer Autoren, die nicht zur Schreibwerkstatt gehören, und nutzen diese als Schreibanlass.
- Am Ende einer Schreibwerkstatt können die entstandenen Texte veröffentlicht werden (z. B. auf der Homepage der Schule).

Beispiele:

1. Schreibwerkstätten für kreative (literarische) Texte (Gedichte, Erzählungen, Kurzgeschichten usw.).
2. Schreibwerkstätten für Sach- und Gebrauchstexte (z. B. im Zusammenhang mit einer Klassenzeitung oder eines Themenheftes, siehe Abschnitt 3.5).
3. Schreibwerkstätten für wissenschaftssprachliche Texte bzw. für das wissenschaftspropädeutische Schreiben (vor allem im Zusammenhang mit Fach-, Seminar- oder Kursarbeiten bzw. im Rahmen des Propädeutikums).

Weitere Hinweise:

Im schulischen Rahmen bieten sich Schreibwerkstätten nicht zuletzt für den Bereich des wissenschaftssprachlichen Schreibens an, auch um die Schüler an entsprechende Angebote, wie sie mittlerweile viele Universitäten haben, zu gewöhnen.

Schreibwerkstätten setzen nicht unbedingt einen persönlichen Kontakt ihrer Mitglieder voraus. Mittlerweile gibt es zahlreiche Online-Werkstätten, auf die die Schüler ggf. hingewiesen werden könnten.

Kurzbeschreibung der Methode:

Diese Form des selbstständigen Lernens berücksichtigt unterschiedliche Voraussetzungen, unterschiedliche Zugänge und Betrachtungsweisen sowie ein unterschiedliches Lern- und Arbeitstempo. Ziel ist es, einen Lerngegenstand aus verschiedenen Perspektiven und auf verschiedenen „Kanälen" zu erarbeiten.

diverse Materialien (siehe Beispiel)

Durchführung:

- Der Lehrer bereitet die verschiedenen Stationen (z. B. an verschiedenen Tischen, die über das Klassenzimmer verteilt sind) vor: An diesen Lernstationen wird Material angeboten, mit dessen Hilfe sich Teilaspekte eines übergeordneten Themas selbstständig erarbeiten lassen. Idealerweise wird dabei der Unterrichtsgegenstand so aufbereitet, dass er auf vielen verschiedenen Wegen erschlossen werden kann, wobei möglichst alle Lerntypen (visuell, audiovisuell, intellektuell, haptisch u.a.) berücksichtigt werden sollten.
- Der Lehrer führt in das übergeordnete Thema ein und erklärt das Verfahren des Stationenlernens bzw. stellt die einzelnen Stationen kurz vor.
- Die Schüler wählen die Lernstationen, die sie bearbeiten wollen, eigenverantwortlich aus. Auch die Bearbeitung der Aufgaben (einschließlich Kontrolle und Korrektur) erfolgt weitgehend selbstständig. Ggf. können die Schüler auch in Teams oder kleinen Gruppen arbeiten.
- Nach Ablauf der Arbeitszeit stellen die Schüler ihre Arbeitsergebnisse (bzw. die Ergebnisse von einer oder zwei Wahlstationen) vor.

Beispiel „Märchenwald" (Klasse 6/7):

- Station A: Märchen als Hörtext auf CD-Player bzw. MP3-Player; Liste mit typischen Märchenmerkmalen – Die Schüler hören sich das Märchen an und kreuzen auf der Liste an, welche Märchenmerkmale vorkommen und welche nicht.
- Station B: Märchenillustrationen zu (bekannten) Märchen – Die Schüler ordnen die Illustrationen dem richtigen Märchen zu (werden auch weniger bekannte Märchen verwendet, können den Schüler auch Märchentitel zur Auswahl gegeben werden).
- Station C: drei Märchen zur Auswahl – Die Schüler zeichnen zu einem der Märchen selbst eine Illustration.
- Station D: Märchenpuzzle – Die Schüler ermitteln die richtige Reihenfolge der Puzzleteile und notieren sie.
- Station E: kurzes Märchen als Lesetext – Die Schüler notieren die wichtigsten Handlungsschritte.
- Station F: Märchen als Lesetext (mehrfach kopiert) – Die Schüler markieren im Text alle Wörter und Wendungen, die veraltet bzw. ungebräuchlich sind.

- Station G: Vorgaben (aus einem realen Märchen abgeleitet) – Die Schüler nutzen die Vorgaben und schreiben daraus selbst ein Märchen.
- Station H: Lexikonartikel/Sachtext zu den Gebrüdern Grimm; Liste mit Textaussagen – Die Schüler kreuzen an, welche Textaussagen im Lexikonartikel/Sachtext enthalten sind und welche nicht.
- Station I: ein Kunstmärchen und ein Volksmärchen (alternativ ein deutsches, ein internationales Märchen) – Die Schüler bestimmen die Gemeinsamkeiten der Märchen und die Unterschiede.
- Station J: Ausschnitt aus einer Märchenverfilmung als Videodatei am PC; Textfassung des verfilmten Märchens – Die Schüler markieren in der Textfassung des Märchens die Stelle, die dem Filmausschnitt entspricht (und begründen ggf. ihre Zuordnung).

Weitere Hinweise:

Je nach Thema bzw. Unterrichtssituation kann bei den Stationen zwischen Pflichtstationen und freien Stationen/Wahlstationen (von denen mindestens eine bearbeitet werden muss) unterschieden werden. Insbesondere wenn Pflichtstationen bestimmt werden, empfiehlt sich auch der Einsatz eines Übersichtsbogens („Laufzettels"):

Laufzettel „Märchenwald"

Name: ______________________________

Pflichtstationen	Bearbeitungsdauer	bearbeitet mit	Bemerkung
A			
D			
freie Stationen	**Bearbeitungsdauer**	**bearbeitet mit**	**Bemerkung**

Gemessen am relativ großen Zeitaufwand sowohl in der Vorbereitung durch den Lehrer als auch in der Durchführung, bietet sich das Stationenlernen vor allem für komplexe und entsprechend wichtige Themen an. Als ergiebig haben sich vor allem die Behandlung von Epochen und Textgattungen (Genres) in der Oberstufe erwiesen.

Im Gegensatz zum Stationenlernen geht es beim **Lernzirkel** um eine bestimmte Folge bei der Bearbeitung von im Klassenraum verteilten Einzelaufgaben, wobei in der Regel alle Schüler alle Teilaufgaben bearbeiten. Vergleichbares gilt für die **Lernstraße**.